KUWEI

酷威文化

图书 影视

Mon enfant pense trop
comment l'accompagner dans sa surefficience

高敏感孩子的
内心世界

［法］克莉司德·布提可南　著

王彤　译

北方联合出版传媒（集团）股份有限公司
万卷出版有限责任公司

目录 CONTENTS

第二部分
养育敏感孩子，父母要把握 6 个关键

第三部分
打造良性的家校关系

引 言

    写这本书之前我犹豫了很久，因为我好像在《多向思考者》和《更好地思考》^①里已经讲得够多了，这两本书足以让读者们知晓关于大脑多向思考者的一切了。《多向思考者》一书的内容相当简单实在，哪怕年纪稍小的读者看起来也不费劲。关于这一点，我并不是在胡说八道。这本书的一些读者只有13岁，但他们可以轻松读懂我写的东西，书中的内容也的确帮助他们认识了自己。至于年纪更小的孩子，我建议家长以《多向思考者》的内容为参照，亲口向孩子解释他为什么与众不同。实践了此法的父母都说收效甚佳。

    但是，来信的读者、讲座的听众以及前来咨询的人还是坚持让我再写一本。很多人对我说（或者写道）："我在您的书里看到了我自己，它让我获益匪浅。但与此同时，我也在书中看到了我家孩子的影子，这让我很是忧心。因为异于常人，我小时候吃了很多苦头，我不希望我的孩子也有同样的遭遇，请您帮帮我们吧！"于是我开始意识到，我之前写的书尚不足以彻底解决多向思考者的教育难题。

---

① 完整书名分别为《多向思考者：高敏感人群的内心世界》(*Je pense trop:Comment canaliser ce mental envahissant*)、《更好地思考：脑子乱哄哄也可以快乐生活》(*Je pense mieux:Vivre heureux avec un cerveau bouillonnant, c'est possible!*)。——译者注

那时，我成功地帮助了很多家长和孩子。我觉得有必要和我的读者们分享这些经验。我们确实需要谈谈孩子生活中的一些特定话题，比如学校、社会化、过度敏感、听不懂指令……

接着，我又收到了读者洛伊克的一封邮件，它深深地打动了我：

（……）《多向思考者》整本书只谈到了我的问题。可我担心的恰恰并不是我自己，而是我14岁的儿子，他正在经历我所经历过的一切。我太清楚这有多痛苦了，可我不知道该怎么帮助他。原因很简单——我自己小时候从来没有得到过帮助。于是我给他念了一段您书里的话（可能我不应该这么做）：

尽管父母深爱着身为多向思考者的孩子，但他们的耐心会逐步耗尽。慢慢地，父母的看法会变得越来越负面：这孩子"真是太……"了。如果孩子太敏感、太情绪化，家长就认为孩子必然是被保护过度了；如果孩子神经脆弱，过于感性和黏人，大人们就说他只会躲在妈妈身后；如果孩子提出太多的问题，家长则批评他太傲慢、走极端、老和大人唱反调。孩子进入幼儿园后，社会外界的评价和孩子家人的评价将形成合力。孩子坐不住，注意力涣散，也听不懂指令，同学们就会讨厌他、嘲笑他和他那些奇怪的想法。在如此恶劣的条件下，孩子又如何培养起自尊心呢？然后他又会被批评说自尊心低下。这就是一个死循环。

听到这段话，我儿子的眼泪止不住地往下掉。和我提到他同学时，他这样说道："为什么这些笨蛋能交到朋友，而我却不能？"

　　儿子的疑问让我基本确信了他是一个多向思考者。听到他这么说，我的心都揪了起来，因为我陷入了类似的童年回忆。小时候，痛苦中的我也曾说过同样的话。我儿子和他母亲关系不好（用您的话讲，她是一个"常规思维者"，我们已经离婚了），她批评他学习成绩忽上忽下，我儿子受不了这一点。然而糟糕的是，我发觉我的教育方式和前妻很像，虽然我感觉自己和她这么做的原因并不一样。昨天读完您的书我才明白，我之所以也会批评孩子成绩不好，是因为我这辈子就是被别人批评过来的，除此之外，我想不出该做什么。

　　这几年来，更准确地说，自从儿子升入中学以来，我和他在情感上疏远了不少。我不再给予儿子拥抱。我觉得抱他是件很恐怖的事，因为儿子在向我索取着什么。现在我知道了，我其实是怕儿子。我害怕通过他去重新体验那种我无比熟悉的痛苦。仅仅是想到这点，我就直犯恶心。我是一个不称职的父亲，我什么也不是，但尽管如此，儿子仍然对我说他爱我，说我是个很棒的父亲。我觉得自己配不上他的赞美，也不知道怎样和我的好小伙子相处。这种无力感伤透了我的心，毕竟在平日里，不论遇到什么难题，我几乎都能找到解决方案。可是为什么现在我明知道儿子心里想的是什么，却无法提供他所需要的安慰呢？在看完这本书后，我想要和您聊聊我在自己内心最深邃的空洞中所感知到的东西。可我讲不出来，因为我越是搜索枯肠，越是找不出合适的词汇。我知道您可能无法一一回应所有来信和求助（其实您已经靠这本书帮到了大家），我也仅是芸芸众生中的一人而已，但我还是想冒昧地发出请求，希望您推荐一位可以教我与孩子正确相处的良师。

我给洛伊克写了回信。然后，他的第二封来信说服了我再度提笔撰书：

亲爱的克莉司德：

　　您的回复让我感到万分欣喜。我一开始是在手机上看到收到邮件提示的。发现您的名字出现在我的邮件列表里时，我的内心立即充满了难言的喜悦。

　　您愿意花时间思考我的话，这真的让我大受安慰。之前，我一直在迫切地等待着回信，但我心里也会犯嘀咕"要是她只是简单地写了几个字说感谢我来信，别的什么也没讲，那怎么办？她有耐心把我的信读完吗？"之类的。而现在，我万万没想到自己会有这样的殊荣，您竟然会请求在下一部作品中引用我信件的内容！谢谢您！我终于感觉自己是个有用的人了，因为我在追求自身幸福的过程中也帮助了您去造福他人。所以，是的，我同意您摘录我们的通信内容。关于您的下一本著作，我想问：它是关于拥有常规思维的家长如何教育多向思考孩子的吗？它是否会涉及父母是多向思考者的情况呢？或者父母中一位是，而另一位不是？像我儿子这种情况，两位家长并不都是多向思考者，那么还要考虑到父母离婚的问题。身为多向思考者的一方家长，如果他/她没有了监护权，那他/她该如何与另一位家长共同处理教育问题呢？要是今天换作是我必须和我前妻合作，那真的会很伤脑筋。我前妻固守自己的教育方式且生性多疑，说服她相信孩子是个多向思考者已经很困难了，如果想要更进一步，提议采用非传统的教育方法，那简直就是天方夜谭。

洛伊克说得对。在本书中，我会把能帮助成年人（家长、教师，不论他们是常人还是大脑多向思考者）理解孩子并引导孩子茁壮成长的窍门一网打尽。

这本书酝酿了很久。在这段时间里，洛伊克的儿子也长大了很多。

之前，我一想到要把这本书写出来就吓得够呛。是的，真的吓得够呛……因为要讲的东西可太多了……而且孩子们是如此的重要！由于深谙多向思考者们的脾性，所以我估计，一开始这本书会激发你的求知欲，然后很快它会使你产生很多新困惑。

而让我感到害怕的另一个原因是，我知道在这本书里，我们将大量地谈及痛苦：

● 小多向思考者[①]本人的痛苦。他们无法适应大环境、孤身一人、不被人理解且很有可能遭到霸凌。
● 身为多向思考者的家长的痛苦。他们难以在一个折磨过他们本人的体系中呵护孩子周全。当他们试图向负责诊疗的专业人士解释孩子的情况时，还要承受来自对方的否定和敌意。

---

① 参照布提可南其他著作的中文版翻译，本书也将"sureffience mentale（原意为超能大脑）"译作"多向思考者"。出于方便考虑，我们将使用"小多向思考者"一词指代有多向思考者特质的高敏感孩童。——译者注

- 身为常规思维者的家长的痛苦。面对难缠的孩子，他们无计可施。
- 教师的痛苦。评级制度、强加下来的教学大纲、不配合的学生家长、教师职业的低认可度，这些因素让他们进退两难。
- 身为常规思维者的教师的痛苦。他们觉得学生令人费解，而且老在惹麻烦。
- 身为多向思考者的教师的痛苦。他们在一个呆板迟滞的陈旧体制中工作，同时又能共情学生们的痛苦，所以负担很重。

因此，写作本书是一个艰巨的任务。后来，又一封邮件给了我前进的动力。这封邮件来自一个曾抽出时间来听过我讲座的教师。我很感激她，她写出了当时的我最需要读到的东西，这极大地鼓舞了我：

克莉司德·布提可南女士：

感谢您！是您打开了我的眼界。我班上有个早慧的孩子。直到昨晚听完讲座后，我才算真正认识了他。是您彻底改变了我看待事物的方式。此前，我一直觉得这孩子是个讨人嫌的捣蛋鬼。我心里想："烦死了，明年还会见到他（我任职的学校很小，不同年级的学生被安排在一个班上）。"而如今，我想的是"这学年已经过去了5个月，现在只剩下不到5个月和他相处的时间了"，以及"真好啊，明年还会见到他"。

我真的很感激您！

另外，讲座也改变了我对学生家长的整体认知。以前我也和很多老师一样，总是指责孩子的父母。但今晚我发现，其实家长们也处于手足无措的境地，他们明明满心盼着孩子能一切顺遂（无论是在家还是在学校，实际上，要让孩子在家里听话挺难的）。还有些家长认为自己完全理解了孩子，希望老师们也能和他们一条心，但这些家长有时找不到与老师沟通的正确方式……（当然，身为老师，我们有时也没能好好接待他们……）

我很喜欢您关于直筒和漏斗的比喻[①]。如果不向他们指出二者其实有着不同的思考方式，那"直筒"们（常规思维者）和"漏斗"们（多向思考者）往往会觉得对方难以理喻。我相信，借助您的这个比方，我能够更好地弄懂并向他人描述那个早慧的孩子（以及班里和校里的其他孩子）所感受到的一切。

现在，我准备把我的所学付诸实践了。

我想再次向您表达感谢，请再接再厉！

这位女士，谢谢你！你的邮件让我重拾信心。我又想起了自己的座右铭——"没有问题，只有解决方案！"

好，现在就让我们一起去找出所有的解决方案！

---

① 作者会在后文中再次给出这个例子。——译者注

第一部分

理解孩子为
什么会敏感

Chapter I

不要轻易贴标签

在所有诊断结果中，"正常"的问题最严重，因为它毫无希望可言。

——[法]雅克·拉康（Jacques Lacan）

非典型儿童极其敏感且情绪化严重。家长们面临着各种麻烦：他不怎么睡觉、老动来动去；会缩在一边好几个小时，完全沉浸在自己手头的东西上；他有着奇特的心理障碍，会突然莫名其妙地发火；他本性善良，但却远算不上听话；他提出的问题成熟得叫人吃惊，但在某些情形下，他又表现得天真稚嫩；他焦虑不安，厌恶改变，渴望得到很多的关注和解释。家长无计可施，周围指责他们没教好自家小孩儿的声音越来越多。孩子上学后，问题变得更加复杂：他不听指挥，没办法安分地待在座位上，爱缠着老师；在操场上玩耍时，他无法和同学和睦相处，常受欺负。这回，轮到学校来对这些"放任孩子"的家长表达不满了。

此时，家长开始向学校、医生和儿童研究专家求助，但这时候，情况已经变得不妙了。因为在这个墨守成规的世界里，人们视正常为理想，认为"非典型的人"就是得了病的人、有残疾的人，需要接受治疗和矫正。好，现在我们要做的就只剩下给灵动活泼的孩子贴上某个污名化的标签了。

比利时儿童心理教育学家、家庭教育学研究者布鲁诺·洪贝克（Bruno Humbeeck）对这种诊疗趋势表示不屑。他说："我家孩子就被看成是彻头彻尾的'TOCTACHPTDADYS'。"[①]布鲁诺·洪贝克反对医学界对儿童学习机制的干预并指出："医学行话常让人意识不到教育难题的存在，因为医生们会把暂时的障碍说成是一种病。教育问题本就不属于医学的研究范畴。既然教育学家从不诊断病人得了流感、风疹或者癌症，那医生们，尤其是儿科医生们，又凭什么来插手孩子学习的事呢？通过贴标签，他们坐实孩子得了某种病。这些标签意味着'有学习障碍的''难以教育的''无法教育的'——它们是生命无法承受之重。"

但在当下，为了寻求帮助，家长们除了带孩子就诊（给孩子贴标签）之外别无选择。贴完之后，他们还要花很大力气让诊疗孩子的专业人士明白：虽然被贴上了某个标签，但是自家小孩儿并没有缺陷，他只是与众不同而已；他的确需要帮助，但是没必要被关进精神病院或者吃药。

幸运的是，现在大家越来越多地谈及此类儿童与他们的特异之处，这也有助于让大众去走近这些特别的孩子。同时，在追求和捍卫自己保持独特的权利方面，非典型儿童也做得越来越好。人们开始意识到，非典型儿童不是疯子，也不是没教养。但是为了彻底消除偏见，我们还有

---

① 指孩子在拥有高潜力的同时患有与发育性协调障碍并发的强迫症和注意力缺陷障碍导致的计算困难、运用困难和阅读困难。原文直接列出了这个缩写词的全称——"Trouble Obsessionnel Compulsif lié à un Trouble d'Acquisition des Coordinations dans un contexte de Haut Potentiel et Trouble de Déficit de l'Attention provoquant une DYScalculie, une DYSpraxie et une DYSlexie"。此处洪贝克专门展示了医学名词之繁复拗口以嘲讽医生做诊断、贴标签的行为。——译者注

很长的路要走。

以下是一份标签清单。当你的孩子拥有复杂的树状思维时，这个墨守成规的世界可能会给他打上这些弊端重重的标签。我建议你理智地看待此类诊断结果。

自闭

> 这些组织、联盟、协会、庸医和伪君子，打着治疗自闭症的幌子，致力于让人没病找病。我在法语里都找不到合适的词来形容这帮骗子。
>
> ——[法] 雨果·奥里奥（Hugo Horiot）

10 年以前，每 100 名新生儿中就有 1 例自闭症；5 年以前，每 50 个新生儿中就有 1 例自闭症。法国每年诞生约 8000 个自闭症新生儿。由于缺乏对自闭症的了解，人们谈之色变，对其抱有严重的偏见。自闭症患者还可能会被误诊，不过这反倒是件好事，因为自闭往往被看作需要治疗的精神疾病。一种源自美国或加拿大但目前在法国还鲜为人知的观点认为，自闭并不是一种缺陷，它只是一种差异。这种观点捍卫"神经多样性"的说法。令人欣慰的是，自闭人群自身也从生物多样性的角度出发，开始主张智慧有着不同的表达方式，并与他们所遭受的不公平待遇做斗争。能力超群的自闭人士们还吸引来了想要发掘英才的企业。不过，在理解、帮助和诊断自闭者方面，法国仍处于落后状态。人们的思想尚未完成转变，而"自闭症"则是我们能给非典型儿童贴上的最糟糕的标签。

高潜力

这个概念本身有几种叫法。

早慧：由于搞不懂为什么一个孩子可以在思想如此成熟的同时又表现得极度敏感和情绪化，专家们发明了"早慧"一词。这个术语具有极强的误导性，因为它暗示着在智商发育超前的同时，孩子的情绪和情感发育极大地落后于常人。然而实际上，这里并不涉及孩子比常人发育得快或者慢的问题，只是他的大脑的运作机制和常人的完全不同罢了。再者说，为什么高敏感和情绪化就应该被当成是情感不成熟的体现呢？

资优："资优"是标签清单里最好听的一个词。这个诊断结果是经智商测试得出的，它也是目前唯一一个能道明孩子的特异之处，且让它听起来不像某种病或缺陷的标签。可惜的是，如今，仍有大量的教育者没受过充分的专业培训，他们并不能完全接受"资优儿童"这个概念。而且很多时候，智商测试的结果也无法让学校对教育方式做出调整。这个测试甚至会反过来让情况更糟。直到现在，有些老师还抱有这种想法："要是他真是资优儿童，那学习对他而言是小菜一碟，他的成绩肯定会很好。如果成绩不好，那就是他压根没学。"虽然就像我之前解释的那样，智商测试是有用的，但它也不乏弊端：费用高昂、可靠度有待商榷。智商测试题的内容经过了专门的设置，全世界只有 2% 的人能从中拿到高分，而许多非典型儿童其实是没办法被这套标准识别出来的。

高潜力：这个词现在越来越多被用来替换"早慧"和"资优"。该标签可以细分为 HP（高潜力）、HPI（高智商潜力）、HPE（高情商潜力）、HQI（高智商）和 HQE（高情商）。神经心理学专家、里昂"普西海纳"心理诊疗中心（Centre Psyrene）负责人范妮·尼斯博姆（Fanny Nusbaum）专攻高潜力研究。她提出了另一种划分方式——"复合高潜力者"和"分层高潜力者"。这两种人群都属于"高潜力者",也就是说,他们都展现出了高智力水平。

不过,"复合高潜力者"拥有着更加多元的能力。他们更富有创造力,更有预见性,但也面临着更多学习和社会关系方面的困难,且更有可能出现阅读障碍和运用障碍。而"分层高潜力者"的能力则比较单一。他们更稳健,适应能力更强,但也更易患上表现焦虑[1],易劳累过度,而且有更大概率在青春期后期染上瘾症。

范妮·尼斯博姆做出这样的区分是有道理的,因为"高潜力"这个笼统标签会让我们混淆两类神经运作方式截然不同的人群。这种混淆也解释了为什么资优者论坛里出现了鱼龙混杂的局面。有些高潜力者("分层高潜力者"),因为自己的高潜力标签和高智商指数而自命不凡,他们瞧不起其他非典型人士,并且想把他们排除出高潜力者群体。我们有必要提醒这些人,智商指数不是文凭。而与他们正相反,不少资优者("复合高潜力者")并不认可高潜力者的头衔,并拒绝这个带有炫耀色彩的称呼。除了前两种人以外,还存在着另一类人,即想要利用高潜力者的操控者们。他们自称在智商测试中斩获高分,因而被人视为资优者,但是实际上,他们中的绝大多数人根本没参加过智商测试……在今天,标榜自己是一个高潜力者或是资优者,其实意义已经不大了。

无巧不成书。就在我写下这行字时,我正好收到一封邮件:

哈罗,克莉司德。希望你近来一切都好。我想和你聊聊
这个:你怎么看待韦氏成年人智商测试(WAIS)和高潜力测

---

[1] 英文为"performance anxiety",指预感自己难以完成任务而产生的焦虑情绪。——译者注

试跟风效应（这是我的叫法）？我受训结束后遇到过一些参加过测试的人，他们看起来好像是高潜力者，但我总觉得他们的世界好像离了这些著名测试和智商指数就不转了……这些人讲的东西蛮有意思的，但听起来让人不爽，他们说："是的，自从我发现自己是个高潜力者后，我的人生就变了个样。世界上只有 2% 的人有着这么高的智商……"他们有时候像斑马①一样特立独行，有时候又安于把自己框死在某个类别里，这让我很困惑。我不知道我表达清楚了没有。总而言之，世界上会不会存在着两种斑马呢？吻你。

虽然"资优"是标签中听起来最不像病态的，但它并不是描述差异的最好方式。当然，别的标签也难以让人感到满意。

注意力缺陷多动障碍（TDA/H）

TDA/H 是"注意力缺陷多动障碍"的法语缩写。全球范围内，越来越多的人提出质疑，说这种障碍是被捏造出来的。在《大家都有多动症？》（*Tous hyperactifs ?*）一书中，法国精神病专家帕特里克·兰德曼（Patrick Landman）谈到了"多动症大流行"现象。帕特里克·兰德曼认为，多动症是有人为了让医学实验室赚到钱而故意发明的。数据胜于雄辩：在美国，用于治疗注意力缺陷多动障碍的药物的销售额从 20 年前的 4000 万美元增长到了今天的 100 亿美元。帕特里克·兰德曼指出，

① 本书作者认为斑马是一种个性顽强的独特动物（见同一作者的《多向思考者：高敏感人群的内心世界》，中文版发行于 2018 年）。在《资优儿童》（中文版发行于 2017 年）一书中，作者让娜·西奥 - 法金也将"资优儿童"称为"斑马"。——译者注

这是在"营销精神疾病，把它当成商品来兜售"。这种源于美国的风气如今已蔓延到世界各地。

多米尼克·迪帕涅（Dominique Dupagne）博士也不太认可对于注意力缺陷多动障碍的医学界定。他比较赞同使用"跳跃者（zappeur）"①这一称呼。多米尼克·迪帕涅博士指出："跳跃者的特性可以追溯到史前时期的人类身上。史前的猎手和战士们也被同样的直觉冲动所驱使着。但后来，跳跃者们定居了下来，他们在农场中郁闷度日，逐渐衰亡。他们的后代继续统治着地球，如今已达万年之久。但后代们身上那股跳跃者的特性早就被追求安定、凝神和耐心的教育系统给遏制住了。"

谈到利他林②时，多米尼克·迪帕涅博士是这样解释的：1954年，瑞士汽巴-嘉基制药公司（Ciba）为一种名为哌醋甲酯的物质申请了专利，它一开始是被用来治疗抑郁症的。研发该药物的化学家莱安德罗·帕尼宗（Leandro Panizzon）用他妻子的小名"丽塔"注册了商标，利他林由此而生。几年以后，人们发现服用利他林能让那些焦躁好动、注意力不集中的孩子安定下来，有时候效果非常显著。于是利他林摇身一变，成了治疗在校儿童多动症的首选药物。

故事接下来的发展就非常传统了：既然都对孩子们用药了，那孩子们自然就是病了。那些难以忍受校园生活的跳跃者自此患上了"注意力缺陷多动障碍"。在智人族群里显得稀松平常、存在超过百万年之久的跳跃特性，在不到半个世纪的时间里变成了一种病。

利他林有兴奋作用。跳跃者的大脑渴求着刺激，而利他林能制造

---

① 法语单词"zappeur"意指遥控器。我们用遥控器来快速切换频道。多米尼克·迪帕涅博士可能是想用它来比喻特定人群注意力频繁转移、反应迅速的特点。——译者注
② 指哌醋甲酯缓释片，用于治疗多动症。——译者注

刺激，从而满足孩子大脑的需要，以此来让他们集中注意力。所以，这种药物对跳跃者们反而能起到镇定效果，普通孩子服用后则像充满了电一样兴奋。在人工镇静剂的作用下，多动的孩子们变得更聪明了，而且最重要的是，他们开始服从学校规定。利他林满足了大脑中追求刺激的那部分的需求，让它消停了下来，如此一来，大脑中别的部分就能专心听讲了。服用利他林有时候确实管用，但它并不适用于所有的跳跃者。这真的很荒唐，明明是学校不适合孩子们，我们却说是孩子们不适应学校……我们很难评价利他林。它确实能有效地让学校里的跳跃者们安定下来（但也绝非百试百灵），但是，当孩子身处一个本就不适合他的环境中时，我们为了让孩子变安分而去刻意干预他大脑的运作，这种做法从根本上来讲是不合理的。

帕特里克·兰德曼与多米尼克·迪帕涅观点相似："吃安非他命类药物①就好比喝酒，只可解一时之渴。利他林只能刺激神经递质，它无法达到治愈效果。我并不是彻底反用药人士，我给我三分之一的病人开过哌醋甲酯片②，因为他们确实遭受着巨大的痛苦。但服药是有限期的，我会很快用心理治疗取代药物治疗。而令我大感震惊的是，有些人完全依赖药物治疗，好像精神药物是什么仙丹一样。可事实是，长期服用此类精神药物会导致发育不良、体重过轻……"

药物疗法的优势就在于可以帮家长和老师免责。遇到难搞的孩子时，如果我们跟大人们说是孩子的大脑本身有问题，并非外因所致，那他们心里会好受些。我需要再次说明，这也是本时代的特有现象——家长和学校职工的压力与日俱增，他们没有时间，也找不到合适的方式

① 安非他命类（苯丙胺类）神经兴奋药物是毒品。——译者注
② 哌醋甲酯是利他林的主要成分。——译者注

去理解那些不太乖的孩子。最荒诞的莫过于，有些医生声称：如果注意力缺陷多动障碍没能在孩子小时候被诊断出来并进行治疗，那进入青春期后，这些孩子将很有可能染上毒瘾。

翻译一下就是：我们之所以给7岁的孩子吃安非他命，为的是让他们17岁的时候不去吸毒。

另外，利他林还带来了另一个麻烦：什么时候是个头呢？既然多动症治不好，只能缓解，那我们该在何时彻底停止吃药呢？这问题还真棘手[①]。

当家长们和我谈起他们的"多动症"孩子时，我总问他们：孩子有没有安静下来专注于某件事。他们给出的答案是一致的："啊，会的，如果是画画或者玩乐高积木，他就可以好几个小时不闹腾。"这个现象出现在一个所谓的"无法集中注意力"的孩子身上，难道不叫人吃惊吗？根据我的经验，"注意力缺陷多动障碍"的孩子之所以躁动不安、注意力涣散，那是因为他们感到无聊了或身处不适应的环境之中。

成年人行事总是自相矛盾。孩子本就该充满活力，结果他们只要稍微一活跃就被说成是"多动症"。然而与此同时，世界卫生组织又在为孩子久坐以及他们飙升的体重而忧心忡忡。研究表明，孩子们的感觉运动发育（motor-sensory development）和体能发育状况越来越糟糕了。现在的孩子除了体力不佳，还有空间定位困难和平衡障碍，他们的身体协调性也很差。没人会因为孩子瘫在沙发上看电视而内心警铃大作，但只要孩子一表示自己想动、想跑、想爬和想跳，那就得火速去找医生。所谓的"注意力缺陷多动障碍"会不会只是单纯的精力旺盛呢？

---

① 以上内容由玛丽-皮埃尔·热纳康收集整理，发布在2015年2月28日的《时代》杂志上。

为了安抚教师和教育专家们，大量家长同意给孩子服药。当孩子们向大人提问，质疑大人的权威时，我们大人给出的回应却是镇静剂。实在是可耻啊！

障碍

"障碍"这个条目囊括了一些特定的认知障碍和由其引起的学习障碍。这些认知障碍是天生的，随着身体的发育，它们会在孩子接受初级教育之前或在接受初级教育的过程中显现出来，并会一直持续到成年时期。世界人口的十分之一，也就是说有 7 亿人，患有阅读障碍，其中，有 3% 的人患有严重的阅读障碍。也就是说，一个班上大概会出现一例。而我认为，当全球有十分之一的人与某种先天障碍终生相伴时，这就不再是一种"障碍"了，而是一种特异性。况且，我们发现许多阅读障碍者其实智力超群。关于"障碍"这个概念，还有一事令人困惑：人们把认知障碍及其造成的影响都统称为"学习障碍"。如果学习的方式变了，那是否还会有学习障碍呢？要是学习上没困难了，那这种认知上的特异性是否仍会被视作一种障碍呢？把特异性给疾病化，这种做法对所谓的"阅读障碍儿童"造成了极大的伤害。阅读障碍并不是由心理因素所造成的，大家都认同这一点。但这个诊断结果本身却能带来极其严重的心理问题。帕特里克·凯西亚（Patrick Quercia）博士称，阅读障碍是青少年自杀的主要诱因之一。但我并不觉得阅读障碍仅凭其自身就能引发抑郁。罪魁祸首应该是对这种特异性的污名化以及由此导致的自尊心创伤。顺便说一句，要是帕特里克·凯西亚博士可以少用"障碍""异常""严重的病态"等词汇就更好了。

为了写这一段，我查阅了很多文献。我真的很同情那些孩子有某种"障碍"的家长朋友——在信息的海洋里晕头转向该是多痛苦的一件事啊！一位名叫贝克的家长统计了30年来发表的所有关于阅读障碍的文献资料，最后的结果是，有3871份谈及了该问题，但只有32份给出了可能管用的治疗方案。

看完资料，我发现专家们对于阅读障碍的具体成因众说纷纭。他们唯一的共识就是目前仍没有定论。各种理论针锋相对——大细胞缺陷理论、小脑缺陷理论、本体感觉失调理论、语音加工缺陷理论以及时兴的麦克斯韦斑过度对称理论……目前，在法国占主导地位的是语音加工缺陷理论。我认为，大家应该试着相互补充而不是相互攻讦。

伊丽莎白·努伊茨（Elisabeth Nuyts）是教育学领域研究者，也是学习障碍人群教育以及认知再教育领域的专业教师，她凭借自己的研究成果（尤其是阅读障碍研究以及她提出的教学方法）在2002年荣获"教学和自由奖"（Le Prix d'enseignement et liberté）[1]。

伊丽莎白·努伊茨认为，主打快速默读的新整体阅读法没有将时间元素考虑在内，无法帮助孩子知晓文字的含义。她解释道："讲话的时候，每当我讲到句子结尾，句子的开头就已经成为过去了，这说明话语存在于时间之中；写字的时候，我是从左到右写的，也就是说，字符存在于空间之中。而人的动作则同时存在于时间和空间之中。我认为，一个孩子如果不能调动他天生就具备的参照物来进行阅读，那他就会成为阅读障碍者。"在她的眼里，人从根本上讲是"言语的存在"：如果某人被剥夺了说话的能力，那这必定会对他造成损害。所以具体该怎么做呢？解

---

[1] 教育领域奖项，设立目标是推动教育领域学术著作的发表。该奖项（现已停办）在1990年到2002年每两年颁发一次，奖金额度为5万法郎，奖励对象为发表了教育领域重要著作、论文的作者。——译者注

决办法就是将口语重新融入学习的全过程中，即要说出我们所看、所听、所写的。

幼儿园教师塞利娜·阿尔瓦雷斯（Céline Alvarez）做了一个极具启发性的教学实验。在两年内，她让自己的所有大班学生都学会了阅读，而她负责的中班学生中则有 90% 的人做到了这一点。塞利娜·阿尔瓦雷斯验证了伊丽莎白·努伊茨的理念：最好的阅读训练法其实不是整体阅读法也不是拼读法，而是音素训练法，即听觉训练法。使用此法的目的是让孩子听并识别出单词中的音素①。总之，我们在教学中绝不应该仅仅依赖整体阅读法和视觉教学法。具体方法的采用应该因人而异，以便更好地满足不同孩子的需求。

我的俄语阅读障碍

50 岁的时候，我下定决心学习俄语。这次的学习经历堪称让我梦回小学一年级（当时我并没有出现阅读障碍）。我学了俄语字母表，里面的字母 ж、ф、ю 等都长得很漂亮。当我能轻松地读出某些单词时，比如 "жираф"（相当于法语中的 "girafe"，"长颈鹿" 之意）、"телефон"（相当于法语中的 "téléphone"，"电话" 之意），我就和小时候一样兴高采烈。你可以回想一下小朋友们的样子，他们会快乐地辨读所有出现在眼前的商品标签，如 "ca-mem-bert（卡～芒～贝尔）②，Ket-chup（番茄～酱），mou-tarde（芥末～酱）"。然而后来，我体会到了做文盲是什么感觉：俄语字母的读音和它的写法是一致的，所以我可以在完全看不懂

---

① 音素组成音节，音节构成单词。举个例子，法语单词 "cheval（马）" 有两个音节，但含有五个音素（che-e-ve-a-le）。进行单词认读之前必须掌握音节和音素的认读。——译者注
② 卡芒贝尔是奶酪名。——译者注

文章内容的情况下，拼读完全文。

　　奇怪的是，我越是进步，就越发现学俄语难。我的自动阅读机制无法激活。最后，我知道为什么了：这也是一种阅读障碍。在有些单词（尤其是那些有点长的单词）里，那些我本就不太熟的字母挨得实在太紧了，这导致我区分不出谁是谁。如果它们的间距能稍微大一点，虽然我还是读不懂，但至少能看清楚。举个例子，搞清楚组成"лишний"（相当于法语中的"en trop"，"额外"之意）一词的字母并不难，只需要把它们分开些，写成"л и ш н и й"就好了。对于有法语阅读障碍的孩子们而言，道理是一样的。认读"merveilleusement（完美地）"这个单词时，可以把它想象成一段一段连成的桥梁，写成"m e r v e i l l e u s e m e n t"，让每个字母都恢复它本来面貌即可。另外，也有专为阅读障碍者定制的印刷字体，它能让字母更容易被辨读。但这种字体并未得到充分应用。所以说，我的阅读障碍有一部分是由视觉因素导致的。随后，另一个问题接踵而至：在我因自己磕磕绊绊的结巴俄语灰心丧气之时，我发现我"患有"（大家是用的这个动词吧？）联觉①症——我看见的元音是彩色的，而辅音是黑色的。举个例子，在我眼中"a"是黄色的，"o"是蓝色的，"u"是绿色的，"i"是红色的。但是，我看到的俄语中的元音"i"字母（и，й，ы）仍然是黑色的。我没办法从辅音堆中把它们分辨出来。有些单词在我眼里是全黑的，好像它包含的全是辅音一样。这让我晕头转向。最难懂的是"y"。我感觉"y"字母本身和"y"音都是波尔多酒红色的。然而，俄语中的"y"发的是法语里的"ou"的

---

① 指感觉混合的现象，比如对于色彩的视觉感知会唤起联觉者的听觉感知。前文作者的"'患有'（大家是用的这个动词吧？）"其实是在调侃将联觉视为一种病态的做法。——译者注

音（对我来说是一个绿色的音）。所以我自然而然地就把俄语里的"Я
шучу"（"我开玩笑"之意）读成了"Ya chitchi"，而非正确的"Ya
choutchou"，两者差了十万八千里。

为了克服阅读障碍，我一个一个地给俄语文章里的元音涂上了其
对应的色彩。这可不是一个小工程。但事实证明，这么做是值得的。文
章一下子就变得好读了。彩色的元音将黑色的辅音凸显了出来。我再也
不会掉进"y"的陷阱里了。我可以流畅地朗读俄语、看懂俄语单词并
知晓其意。我甚至可以做到用俄语开讲座。这就证明，有问题不可怕，
只要找到解决问题的合适方法就行了。后来，时光飞逝，忙于其他事务
的我再也没碰过俄语了。不过就在最近，我需要读一篇俄语文章。而出
乎我意料、让我欣喜若狂的是，开始读的时候，这篇俄语文章在我眼中
竟然自动变成了彩色的。我的联觉能力自发运作了起来。幸亏我当时用
了自己的"怪"办法来解决学习困难。要是我当时没想出来这个窍门，
之后会发生什么呢？我们是不是也可以让一个小学一年级的孩子按照他
的习惯来给文章上色呢？他自己能否独立找到解决阅读障碍的最佳方案
呢？联觉是多向思考者脑内一种很常见的机制，但它在我们的教学中被
完全忽视了。当然，我们得承认，如果一个孩子感觉"a"是毛茸茸的，
"i"是光秃秃的，"o"是闪闪发光的，那其实很难把文章调整到适合他
辨读的状态……这也是很多非凡儿童所面临的问题。不过我想，也许让
孩子们意识到这方面的特性就已经可以帮到他们了。

我认为成年人，尤其是教师们，应该来一次冒险，比如试着去学
一门新的语言和它的字母表。这样一来，他们也能体会到多向思考者所
经历的了。好，那么正在读书的你打算什么时候开始呢？

我衷心希望以上这个标签清单别再被继续细化和加长了。"高潜

力""注意力缺陷多动障碍""自闭""资优"……虽然这些标签个个都力求有针对性地指向某种特定人群，但实际上，它们所指代的往往有重合部分。是时候换个角度思考问题了。要到什么时候人们才能关注到这些不同标签的共同之处呢？我们现在在聊的是谁？聊的是什么？我们聊的是一个非典型的孩子，他极度敏感且不幸地背负着每一个将他污名化的标签。与其给孩子贴上这些标签，我个人更想向大家推荐使用一个新"标签"，它将更具包容性，也不像其他标签那样带有贬义：在《多向思考者》中，我选择了"大脑多向思考者（surefficience mentale）"一词。我用它来指称那些拥有非典型的复杂思维的人们。他们的神经、情感和心理运作方式确实不同于常人。这类人表现得高度敏感、高度情绪化，他们多愁善感且具备超强的同理心。小多向思考者的成熟度远远超出了"早慧"的范畴。不，这些孩子完全不需要接受矫正！他们需要的是有成年人来帮助他们了解自身、了解自己大脑的运作方式。因此在接下来的各章节里，我将为你提供所有必备窍门，以助你更好地走近他们、帮助他们。我们不需要再给他们贴那些标签了！

Chapter II

敏感，是因为孩子拥有一颗超能大脑

如果我说你的孩子敏感超常，这等于什么都没说。因为就算我没指出，你自己也清楚。但我还可以让你了解得更多。接下来，让我们来聊聊高敏感机制以及如何控制它并减轻负面影响吧！

感觉异常灵敏

"感觉过敏"（即"感觉异常灵敏"，"l'hyperesthésie"）是导致小多向思考者如此敏感的头号因素。感觉异常灵敏的人拥有极度发达、极度警觉的感官系统。他们观看、倾听和感知外物的敏锐度超乎寻常。比如，他们会特别注重细节，或者身负极其敏锐的听觉和感受能力，就好像是有千里眼顺风耳一样。身边人常常惊讶于他们非同寻常的感知力，因而会开玩笑地给他们起"鹰眼""猞猁耳朵""狗鼻子"之类的夸张绰号。这些绰号放在他们身上可能是相当写实的，然而起绰号的人意识不到这一点。所以，虽然对孩子的敏感性已经有所认识，但大人们还是会很快就受不了，觉得孩子不听话、爱挑刺、装模作样。然而，孩子根本没在"装模作样"，他们只是单纯地在表达不适而已。

米歇尔跟我讲了他的遭遇。上周三，他 11 岁的儿子在做海上逃生训练的时候拒绝穿潜水服，说潜水服很凉很湿，里面还有沙子。米歇尔发火了。他对儿子说:"其他同学穿的也是这种衣服,他们怎么不像你这么能编?"我尝试着和米歇尔解释,他儿子没有"胡编乱造",只是他和同学们感知事物的方式不太一样,对他而言,冷的东西会更冷,潮湿的东西会更黏,沙子就像砂纸一样摩擦着他的皮肤。但是我很清楚,米歇尔听不进去。原来,为了克服他自身的高敏感性,米歇尔早就将心锤炼得硬邦邦的了,他不认为感觉异常灵敏者和常人有什么不同,也没意识到常人会活得更轻松,因为他们不必付出和感觉异常灵敏者同等的努力。这也是常态:感觉异常灵敏者既被常规思维者所误解,也被其他同为多向思考者的人所误解。普通人体会不到这种异常的敏感,他们理解不了实属正常。但感觉异常灵敏者自身也同样难以察觉这种差异。他们的日常生活总是不顺,但他们会误认为所有人都和自己一样,都领受着自己所感知到的一切。所以,他们觉得自己也应该学其他人,把这些给"扛"下来。他们被教导要这样做。我不得不总是向感觉异常灵敏者强调:"不一样的,在接收信息的数量和强度方面,常规思维者和你们完全不能相提并论!"

有一次,我去参加了比利时一个电台的直播节目。在节目中,一个 15 岁的听众坚持要验证自己的超强感知能力。这个孩子最近去了马场,在那里听到了一种极其刺耳的噪声,而且这种声音全场只有他一人能听见。他感到极度不适。马场经理猜测,声音可能来自马场用来驱鼠的超声波设备。然后他们进行了测试,经理反复关闭和重启了设备。试验证明,孩子听到的确实是设备的声音,他也是唯一能听到的人。如果没有来自外部的(马场经理)确认,这个年轻人可能最后真会以为自己要么耳鸣了,要么疯了。这个故事也让我很难过。我不了解马,但我想它们的听力系统应该至少和这个孩子的以及老鼠们的一样发达。那马场里的它们得遭多大的罪啊。

接下来，孩子的妈妈发言，为我们补全了整个故事。孩子5岁那年，某天，一家人散完了步往回走。孩子突然在途中惊叫："妈妈，我们家房子在燃烧！"妈妈答道："怎么可能？"孩子坚持："它就是在燃烧！真的！"果然，他说对了。拐过了一个弯之后，他们看见自家房子真的着火了。这个孩子比其他人先闻到了烧焦的味道。

感觉异常灵敏者时不时会抱怨电影院声音太响、餐厅里光线太强烈、食物太咸、毛衣太扎……而由于理解不了他所感知到的，身边人会觉得这个人很难相处，老是纠缠些细枝末节的东西。然而，过于敏锐的感觉系统确实带来了很多麻烦，尤其是在我们这个"文明开化"的社会里。因为在这里，我们躲不过霓虹灯光、汽车喇叭声音或者其他感官上的侵扰。有人会认为，感觉异常灵敏者只是因为受到焦虑情绪和过往创伤的影响，所以才表现得一惊一乍。不是的，他们的神经天生就是如此构造的。所以我极其欣赏多米尼克·迪帕涅在《跳跃者归来》(*Le Retour des zappeurs*)中表达的观点：在狩猎—采集者时代，人类那极度发达、时刻警觉的感知系统发挥了相当大的作用。

为了体验一把感觉异常灵敏者的生活，你可以想象自己有个万能放大器。对你而言，冬天冷得就像是在冰箱里；夏天热得像在蒸桑拿或者洗土耳其蒸汽浴；一丁点儿微风也会化作一阵西北狂风；你走进房间，这里的光线能把你亮瞎，电视机声音震耳欲聋；在你耳中，小勺子落到瓷砖上发出的微弱声音，就犹如一堆平底锅砸到地上时的哐当巨响；油味、香精味和盖不住的烂肉臭味扑鼻而来，你好像身处垃圾堆里；你周围的人全都趿拉着鞋走路、鼻子抽抽、狂嚼东西、嘴巴大张、高声喧闹……你现在感觉如何？这还没完。你冲过这样的澡吗？喷出的水流很强、把你刺疼那种。如果身上的衣服是下面这样的，你一整天的心情会好吗——尺寸过紧、穿着有衣服标签没撕的那种针刺感、黏糊糊的、用橡胶或者塑料做的合成材料的触感、类似 polo 衫那种的颗粒感、有扎人毛衣的砂纸质地……现在你还会觉得感觉异常灵敏者矫情吗？肯定不会了。

感觉异常灵敏给小多向思考者造成了不少麻烦。孩子对独处的异常渴望和他莫名其妙的愤怒，其实都缘于对他自己超敏锐感知能力的厌烦。他在个人卫生、饮食、运动能力或入睡上的大部分障碍可能都是由感觉异常灵敏所致。

个人卫生

洗个好澡、刷个牙清新口气和修剪头发，这些对于大部分人而言都是令人愉快的事情。但在某些人眼里这与酷刑无异。在寒冷和潮湿感被放大，淋浴像在淋针雨，沐浴露质感粗糙，在皮肤紧绷的情况下，你怎么可能把洗澡当成一件乐事呢？当口腔里被放入了一个烦人东西（牙刷），你止不住地想呕吐的时候，这个牙又怎么可能刷得下去呢？如果牙膏的薄荷味过于浓烈，让你嘴里有烧灼感，你还会觉得自己的口气十分怡人吗？洗澡时，水会流到你的耳朵里，香波会钻进你的眼睛；一边，烫脑袋的吹风机发出刺耳的噪声，另一边，梳子拉扯着你的头发……这一切谁受得了？你瞧，孩子并没有耍性子，他不是心甘情愿变邋遢的。说起来，你知道史蒂夫·乔布斯不爱洗澡、浑身发臭吗？沃尔特·艾萨克森（Walter Isaacson）在史蒂夫·乔布斯的个人传记里提到，史蒂夫·乔布斯声称自己的身体能自净且拒不承认身上有臭味。然而，我们大多数人并不像史蒂夫·乔布斯那样聪明、有名且多金，所以不注意清洁，迟早是会惹祸上身的。孩子不可能回避个人卫生问题，这没得商量。你需要投入大量的耐心和智慧，在照顾孩子感知系统的同时，培养起他良好的自觉清洁习惯。

饮食

同理，吃饭对于感觉过敏的孩子而言也是"老大难"。如果你对烹饪感兴趣，你一定明白，美食能调动——严格地讲，是能取悦——食客的所有感官。好吧，我们可以把小多向思考者看成一个个（身着儿童短裤的）货真价实的美食鉴赏家。他们很容易因为某些感觉而心生不快，尤其是味道，此外，质地、热度、气味、颜色、外形也对他们有影响……他们还会早早地考虑到伦理和环保问题。这些孩子往往拒绝吃肉且很早就具备了绿色饮食①的意识。他们之所以在进餐时表现出迟疑，很可能是因为听从了他们那种可信的直觉。皮埃尔·哈比（Pierre Rabhi）说得好："我们吃着这么多有毒食品，所以，与其对别人说'祝你有个好胃口'，我更想说'祝你好运'。"添加剂、杀虫剂和其他干扰人体内分泌的成分，这些东西对任何孩子来讲都百害而无一利。我相信，对于有着特殊神经系统的多向思考者们而言，它们的危害将会更明显。

怎么解决孩子吃饭难的问题呢？以下是我给你支的着儿。有条件的话，你可以打造一个自家的小菜园，吃从鸡窝里现取的蛋，坚持绿色有机饮食并教孩子自己动手做饭。让孩子亲自下厨有很多好处：和爸爸妈妈一起做饭，可以制造亲子互动时间，打蛋、搅拌、倾倒、涂抹、剥皮、切片等能锻炼孩子的精细运动机能，计量能强化他的计数能力，带

---

① 指纯天然，无污染，不含农药、化肥或防腐剂的产品。——译者注

他测量时间和温度，可以激发他的创造力，最后还能给予孩子进食的动力。一般情况下，孩子们会把自己做的东西吃个精光！如果你的孩子仍然无法好好吃饭，别担心，放轻松，要知道达·芬奇也是一个对食物挑剔至极的素食主义者。为了让他吃饭，他的厨娘可谓是想破了脑袋。但达·芬奇还是有着 1.92 米的身高，而且，他还在一个人均寿命仅 19 岁的年代里活到了 67 岁！

睡眠

当你的全身感官都处于警戒状态、你的大脑焦虑地思考着存在的意义时，你不可能睡得着。我们稍后会谈到如何应对焦虑情绪。现在，我首先建议你关注入睡时的感官需求：床单够不够柔软？床单的洗涤剂味道重不重？睡衣穿着舒服吗？卧室是否安静？小夜灯的光线是否柔和？很显然，你的卧室内不该出现 Wi-Fi 信号或电视、平板电脑、智能手机等任何电子屏幕！家里别处传来的声音是否足够轻柔、听着让人舒心？客厅电视的声音是不是调得够小啦？我们不看电视的时候，打开的电视会增加人的压力、扰人清静。如果你无法同步看到画面，那么动画片里的吵闹声只会让你感到心烦意乱。要是电视里在放侦探剧集，情况就会更糟糕。我们可能并没有意识到这一点，但是某些情节暴力的电视剧的确会让家里弥漫着一股无形的压力。当悬疑感十足的配乐、追击戏的噪声、警笛声、爆炸声或者女人的恐惧尖叫声从远处传来，感觉异常灵敏者怎么可能安睡？另外，当我们的孩子有着过度发达的感官时，我们必须尽可能地保护他不受电视中暴力信息的影响，尤其是关于杀人、袭击、强奸或动物虐待事件的图片。孩子和高敏感人群现在深受不堪入目的图像之害，社会对他们的保护力度越来越低了，我要谴责这一点。

好了，现在让我们聊回你身边那个该上床睡觉的小家伙吧。在睡前，我们需要给孩子留出一点时间，让他的内心平静下来。对所有家庭而言，最理想的办法就是在孩子入睡前给他读一个故事，并尽量将这个习惯长久地保持下去。

运动机能

异常灵敏的感觉肯定也影响了孩子们的运动机能。有些小多向思考者想要从过于敏感的身体里逃出来，于是他们躲进了自己的思想里，试图忽略平日里遭受到的各种感官侵略，但其他人并没有意识到这种侵略的存在。我还注意到，不少孩子难以接受自己受制于生理需求的事实。维持生命的重要功能——喝水、进食、睡觉、排便甚至呼吸——在他们看来，就算称不上尴尬或者耻辱，那也是在浪费时间。他们希望能凌驾于生理琐事之上。

另外，感觉异常灵敏者极度关注外部的风吹草动，他们的头上好像支着天线。由于过度在意外部环境，孩子们会对自己的身体感觉、自身情绪缺乏关注，忽视自己的价值体系和内心世界。同时，理解周遭的奇怪世界、让自己免受排斥的迫切需求可能也放大了这套高敏感机制对他们的影响。在各种因素的作用下，孩子们表现得三心二意、笨手笨脚，就像波德莱尔[①]诗中所吟的那只著名信天翁一样——在陆地上的它是如此窘迫狼狈，因为"垂天的巨翼妨碍它自由前行"。此类孩子需要有人来帮助他重新与自身建立联系。我们要引导他们进一步把握自身的存在，去掌控身体，让他们悦纳生理变化并再度与自己的身体感觉相联通。

---

① 法国著名诗人。——译者注

这并非易事。承认孩子的超常敏感性、时时顾及这一点并教会孩子保护他的感知系统，这肯定是家长带领孩子理解自身的第一步。另外，较早地鼓励他们对解剖学和人体生物学产生兴趣也不失为一种办法。孩子们一定会因此而喜欢上身体这个奇特机器的！

潜在抑制

感觉异常灵敏伴随着另一种特性，常规思维者往往用带有贬义色彩的方式称呼它——"潜在抑制缺陷"。我们也可以将其称为"有效刺激过多"（une abondance d'excitation active）。简单来说，在常规思维者的大脑里有一个自动筛选机制，它能从感官接收到的信息中挑选出哪些是需要的、哪些是不需要的。举个例子，如果你正在和一个人聊天，与此同时，大街上有人在使用手持电钻，那你的潜在抑制会过滤掉与谈话无关的钻头噪声。所以常规思维者能够在谈话中保持全神贯注。然而可惜的是，多向思考者并不具备这种机制，无法筛选信息。在喧闹中，他必须努力集中精神才能继续听你讲下去。

依靠着潜在抑制，常规思维者的感官能同时进行多层次运作或者只专注于表层。常规思维者并不会有困扰，因为他们的大脑能自动过滤信息。读取图片上的字或影片里滚动行进的文本、从新闻开头的背景乐中捕捉到新闻标题对他们而言是小菜一碟。常规思维者也无惧洗衣粉、洗涤剂、香水的合成香精味，香氛蜡烛和室内香薰器的干扰（嗯，这可真是香气扑鼻呢），他们总能撷取应该留下的信息。但是，有一点值得我们未来去研究：缺乏有效刺激的常规大脑，它留下的信息真的总是最有用的那部分吗？

由于潜在抑制缺陷，感觉异常灵敏者的行事受到了很多掣肘，就像我们刚才举的电钻头例子。但在有些时候，这也方便了他们同时执行多项任务并减少信息损失量。一般来讲，多向思考者可以在同时进行两场对谈之余做别的事情。该优先做什么并不是由大脑自行决定的，人体接收感知信息时并不会区分轻重缓急。狩猎—采集者可不会遗漏任何能让自己保命或提示猎物方位的信息。所以，多向思考者需要不断地做出选择，确定自己的关注点落在何处。这件事做起来并不简单。应该看图还是看文字？应该听音乐还是听人讲话？根据每个具体情境，多向思考者会强制将自己的注意力锁定在应被优先处理的事物上。

我认为那个著名的"注意力缺陷"标签其实就是在描述这个特别的神经运作模式。举个例子，在一直吸鼻子的人身边，缺乏潜在抑制的多向思考者无法集中自己的注意力；他也不可能专注地听某个牙上有菜叶的人讲话。再加上，感觉异常灵敏者本就会比常人获取到更多信息……现在你大概能理解多向思考者专注起来有多么不容易了。

我来形容一下敏感超常、潜在抑制存在缺陷的孩子在上课时的专注情况。他会收获一大堆信息。除了老师的音质（低沉、嘶哑或悦耳……），孩子还会感受到音量大小、讲话的口音、用语特点、语调、语气（友好、愤怒或是带着威胁）和非言语内容（手势、表情）。孩子需要从所有的口头表达元素中抓取到话语，弄懂每字每句以及可能存在的言外之意。也许他还会顺带察觉到以上诸要素中的不连贯、相互矛盾之处，而老师本人都不一定注意到了这些。与此同时，孩子的其他感官继续接收着别的信息，比如教室里的气味或老师身上的香水味，以及所有的视觉特点——发型、眼睛颜色、嘴部动作、下巴上的疤、马甲上缺了个纽扣、鞋子上装饰用的小洞……还有那个鼓起的裤子口袋，里面有什么东西呢？注意力缺陷多动障碍者真的是注意力"不足"吗？难道不是他们注意的东西太多啦？

在学校里，外部环境折磨着感觉异常灵敏的孩子们。他们有那么多要去关注的东西，那么多的人，那么多的噪声……其中，环境之嘈杂尤其令人难以忍受。进入职场后，人们才开始意识到噪声带来的困扰；而在校园里时，所有人好像都对此无感。教室和食堂的情况更糟，这两处的噪声分贝数高得吓人，无益于孩子的健康。别跟我说教师也是受害者之一，解决噪声问题本就是他们的职责所在。塞利娜·阿尔瓦雷斯老师就能完美地在教室里打造出宜于学习的安静氛围。

对于身边人来讲，小多向思考者莫名其妙发火是家常便饭。不过现在，你可以去验证一下：某些时候，孩子们的爆发其实是感官过载所致。太吵了、人太多了、信息太多了、吸引注意力的东西太多了，他们的注意力因此变得游离涣散。一般来说，只有发完一通火，孩子们才能得到他们想要的片刻安宁和在卧室独处的机会。为了帮助你的孩子，你应该学着预估孩子感官过载的风险并给他留出一个人在房间里安静待着的时间。这是一种预防性的放松措施，而非惩戒手段。你应当避免让感觉过敏的孩子进入感官侵略性过强的情境。

所以事实上，你孩子的感官系统并没有什么运作障碍，与之相反，它超乎寻常、极度发达！而你要做的是跟他解释，教他去管理感官。如果你理解孩子的痛苦，这能带给他极大的安慰。请不要再说他"装模作样"了，要去倾听他的抱怨，去设身处地地关注什么会给他造成感官上的不适。特别是你要记得告诉孩子：绝大多数人接收的信息数量连你的三分之一都不到！

为了给待在家里的孩子制造舒适体验，家庭的室内装饰应当简约，颜色要柔和，音响效果要经过精心考量，房间要通风良好……不过，你还是需要和孩子一同来确定哪些元素能让他的感官系统平静下来。也就是说，实际的室内布置可能和我刚才说的正相反。阿斯伯格综合征患者利亚娜·霍利迪（Liane Holliday）在她的《故作正常：与阿斯伯格综合征和平共处》一书中提到，柔和清淡的颜色和圆润的弧度让她难以忍受，她钟爱大胆的颜色和尖锐分明的角。

　　孩子需要安静休息的时间。与此同时，你还可以计划些户外远足活动，带孩子观察野外动植物。在大自然里，感觉过敏的孩子并不会觉得难受。恰恰相反，他们的"鹰眼"、"猞猁耳"和"狗鼻子"能够大显神通，给他们带来美好的体验。不过，还是那句话，你得弄清孩子喜欢什么：米歇尔的儿子不仅讨厌满是沙子的潜水服，也害怕昆虫。不过，孩子们总是充满好奇心和求知欲的。我敢保证，只要能讲点昆虫学或者带一本昆虫词典，我们很快就能将恐惧化为热爱。

联觉

　　感觉过敏几乎总和联觉相伴相生。全世界 4% 的人拥有联觉能力（某些研究称有 20%）。联觉指的其实是一种感官的交叉现象。一种外部刺激会让联觉者的两种或多种感觉结合起来。比如，梅丽莎·麦克拉肯（Melissa McCracken）能把音乐画出来，就仿佛音乐浮现在了她眼前。她是这么解释的："我听到的音乐被转化为颜色和质地的流动。"我推荐你去欣赏她的画作。那些画多彩而明亮，几乎能让人听见声音。著名作曲家让 - 米歇尔·雅尔（Jean-Michel Jarre）[1] 说他会"雕琢"自己的音乐。莫扎特也把他的交响曲比喻成能一眼尽览的雕像。

---

[1] 法国音乐家，巩俐的丈夫。——译者注

有些人仍把联觉说成是一种"感知缺陷"，但幸运的是，如今有科学研究表明，多种感官的融合是人体知觉的正常功能。感觉相互交织、难以抑制地产生关联其实是所有人出生时的内在天赋，只是随着身体发育，它越来越不显著，但始终存在着。我深信所有人都仍拥有着联觉能力：在艺术作品中感受到情感就是联觉的一种体现。试问谁不会在听音乐时获得快感呢？

学俄语时，我亲身体会到，字母—颜色联觉是我掌握基里尔字母的关键助力。既然孩子们都是天生的联觉者，那么，我们的当务之急就是将他们的这种能力在学习中调动起来。你应该花点时间听孩子是怎么说的，他会告诉你，周一是绿的，周二是黄的，字母 B 是一个可爱的胖子，数字 1 滑溜溜的、在发光，数字 5 毛茸茸的。他不是在搞怪，他只是单纯在和你分享他在联觉中所感知到的罢了。

比起缺陷，感觉异常灵敏更像是一种天赋。忍受不了现代世界的感官侵略恰好证明了孩子有着健康的心理。毛绒玩具可以为很多小孩子提供一处感官避风港。而对于那些年纪大些的人，披肩、手帕或者小公仔玩偶也能静悄悄地抚慰他们的心灵。

高敏感

拥有极其复杂的感觉系统的人被称为高敏感者。小多向思考者也属于高敏感者这一约占全球人口的 20% 的群体。高敏感者极易受到周遭各种迹象和细微改变的干扰。他们善于捕捉身边人的情绪变化，容易被某个眼神、某个手势、某种语调而左右心态，也会因一个微笑或一个示好动作而兴高采烈。高敏感者情绪起伏大，在人际交往中，他们的爱憎表现得极度分明。高敏感者承受着巨大的压力，与别人的情绪产生着共鸣……一切都触动着、碰撞着、伤害着他们。高敏感人士会揪着某个细枝末节、某个不经意间说出的字久久不放。

高敏感孩子们爱哭、易怒、老生闷气，但是反过来，他们开心起来会欣喜若狂、兴奋过度，容易因为他人的丁点儿关怀而心神不定。到底是他们激动过头了，还是他人活得太麻木啦？是在壮丽的落日前无动于衷，还是因它而心旌摇荡？哪种态度才更合适呢？

在西方国家，高敏感者的名声并不好。一旦其真诚地表达所感，立刻会被说成是一个歇斯底里的人或者"戏精"。大家希望其能"控制好自己"，做一个心态稳定的人。在我们这里，高敏感是缺乏男子气概的体现。在操场上玩耍时，敏感的小男孩儿并不受其他孩子待见。然而，对敏感性格的排斥其实是一种自美国传来的文化现象。在其他国家，比如泰国和印度，人们并不抗拒任何高敏感者，哪怕他是位男性。

多心

常人往往指责高敏感人士，认为其"对于批评声音有种病态的警觉"。就算不明着说他们有被害妄想症，别人也会说高敏感者疑心病太重。没人体会到他们的感受：高敏感者不断地被批评，不是因为他们做了什么，只是因为他们是高敏感者。更糟的是，大家觉得高敏感者很爱演。当大家说"高敏感者太夸张了"的时候，言外之意就是他们刻意为之、演过头了，他们本身是能把握好的。这对高敏感者的侮辱性更强了。面对层出不穷的嘲讽，没人能够泰然处之。高敏感者长期被指责，而这种排斥对于一个人，尤其是一个孩子而言，是要命的。老是被批评的高敏感孩子会惶惶不安，他们想："万一我因为和常人不一样而被抛弃了，那我该怎么办？"

因为他的所有自然反应都被别人说成是不妥的，所有人都暗示他应该控制住自己，所以孩子为自身的存在而感到羞耻。于是他过度地改变自己去适应环境，努力取悦他人，预判着人们所期望的样子，并抢在别人之前批评自己。外部批评加上自我批评等于全方位环绕式双倍打击。这样，孩子对别人的批判有种病态的警觉。然后接着，其他人还会提醒他别凡事都往心里去。这样下去人很难不疯。谁又能真正理解孩子正经历着什么呢？

妄想症

高敏感孩子疑神疑鬼是正常情况。当一个人竭尽全力，但不论做什么都会被批评的时候，他肯定会感觉全世界都讨厌自己，感觉自己被针对了。更何况，在不知道自己的大脑异于常人的情况下，孩子还会以为别人和自己有着同样的能力却能运用得更好。那些对他人来讲无足轻重的细节会令高敏感者格外在意，而他完全没意识到这些东西对别人而言是无所谓的。由于高敏感者把听到的和看到的一切都给记录了下来，所以，当别人没察觉到他所感知的东西时，他会以为对方就是故意的：这人怎么会看不到、理解不了、想不起来这些事呢？我当时可全都记下来了。

高敏感孩子还接收着旁人给出的各种自相抵牾的信息，他们发现这些内容前后矛盾、不真诚、缺乏逻辑。高敏感孩子会觉得，有些东西自己理解不了，比如那些可恶的社交暗语。他本该听懂那些大家心照不宣的潜台词的……但这怎么可能呢？不论有些人怎么说，我认为虽然高敏感孩子爱发脾气，但他们的心地是善良的，他们理解不了别人有些行为的含义，比如嘲弄和恶意。于是，高敏感孩子发现，除了自己不合群以外，他无法为发生的一切找到其他解释了。所以他会神经紧绷，逐渐怨恨起别人来。

有个叫帕维尔的 6 岁小孩儿就讨厌所有和他对着干的人。他分辨不出哪些人是在刻意为难他，哪些人只是不小心。帕维尔倍感受伤，然后生气地指责别人。这其实很好理解，因为别人不会包容帕维尔情绪化的反应，他们只会认为帕维尔是故意这么做的。而帕维尔心想，既然自己没权利犯错，那别人凭什么能？

为了从批评声音中保全自己，必须弄清楚事情本质。也就是说，我们要知道自己是谁，自己的大脑是如何运转的，别人的大脑又是如何运转的。由此，我们才会明白更多的事情。要跟高敏感孩子说明白：其他人无法感知你所感知的，也想不起来那么多过去的事。所以，当他们冒犯到你的时候，他们可能并非出于恶意，只是没看到、忘了，或者他们不知道这对你而言意义重大。但这世界上也有"坏人"存在，让孩子学会感知真正的恶意也很重要。

就我个人而言，我并不认为批评使人进步，我更相信鼓励和赞美的力量。如果你想要简单、高效、轻松地了解如何适当地批评或者表扬孩子，我可以向你推荐一本好书——《嘟嘟的暖心童话》①。这本童话里讲到，那些冷漠的刺团都受着邪恶女巫贝尔泽法的操控，而那些不吝惜赞美之言的人则是朱莉·嘟嘟的好朋友。

为了让高敏感孩子尽量少受到他人指责的负面影响，我们必须让他知道一点，那就是常规思维者会批评一切超出常规的东西。有句著名的日本谚语说得好——"冒尖的钉子挨锤敲"。随他们去，他们爱批评

① 这是一本法语童书。书里的邪恶女巫贝尔泽法在人群中散播象征着冷漠和伤害的刺团，而善良无私的朱莉·嘟嘟则慷慨地为大家带来温暖和力量。——译者注

就批评吧，我们无须为此而介怀。区分带有恶意的批评、没什么营养的批评和有益的批评对小孩子而言是很难的，所以，孩子需要你来引导他辨别各种声音并吸收可能对他有好处的建议。

最后，为了让孩子悦纳自身，别忘了给高敏感者正名：高敏感不是心智不成熟，也不是玻璃心，更不是一种软弱。谁说的去爱、去欢喜、去愤怒的能力是一种缺陷？高敏感者极富创造力，是敏锐的、富有同理心的观察者。他们善于读懂人心世事，能给出与众不同的解决方案。常人渴望他们陪伴，因为他们善于倾听。艺术家们也大多是高敏感者。这是种多么美好的品质啊！

高敏感者需要表达自己的敏感性，从事艺术或者其他具有创造性的活动是很好的选择。他们同样需要休息和发泄。如果高敏感者能满足自己这两点需求并对本真的自我平和以待，想必他们给别人留下的情绪波动大的印象也会有所改善。最后，为了和自己的高敏感性和谐共处，他们也需要被理解、接受，最好是能与他们共情的人相伴。那么，你是不是该停止压抑自身的敏感了呢？

Chapter III

敏感孩子的内心世界

极度感性

高敏感者的情感比普通人强烈十倍。高敏感儿童会被情绪风暴所淹没。这些不可预知的飓风对于一个小家伙而言是很可怕的。因此，孩子需要一个内心强大、平和的家长来接纳、安抚他。孩子经历情绪危机时，我们成年人必须成为这场风暴中的灯塔，使他安心。我们要做的主要是承受这些情绪风暴，然后将其转化为言语。

> 任何激烈的情绪，只要表达出来，都会平息下去。如果我已经能够说出所感且有人听到了我的话，我立马就会觉得心里好受了很多。

想必你自己已经对这点有所体会了，现在和你的孩子也试验一下吧。比如，孩子跑步的时候摔倒了，他哭了。你可以把他揽进怀里，并引导他将此刻的感受说出来："摔跤是不是让你很害怕？你肯定摔疼了。而且你心里也不高兴，是不是觉得有点难为情？你是不是生气啦？"如果孩子五味杂陈的内心情绪被你恰当地描述了出来，他会放松下来，大呼"对"！然后就不哭了。

为了真挚地接纳孩子的情绪，家长首先要坦诚地面对自己的情绪。"如果我自己都满腔愤怒，我当然做不到让儿子消气。如果他很伤心，他的痛苦会不会也唤醒我心里的什么东西呢？"因此，所有成年人，尤其是家长和教师们，首先应当关注自身的成长并训练自己的情绪管理能力。如果我们办不到，那我们就是在要求孩子们做一件大人自己都无能为力的事。大人应该树立起榜样，当然，这不是说大人要做一个麻木不仁、毫无情绪波动的机器人，相反，我们要对自己的情绪善意相待，不去否认或压抑它们。作为家长的我们认识、袒露和表达自身情绪，其实是在告诉孩子们：父母是言行一致的、真诚的。这是孩子们最需要的。

如果你想理解和接纳自己的情绪，我推荐你阅读我的书《情绪管理指南》(Émotions, mode dèmploi)①。这本小书简单易上手，你可以轻松地和孩子讲解书中内容。此外，观看动画电影《头脑特工队》②也是孩子学习情绪管理的好机会。这部电影很适合低龄儿童。你不妨以此片为基础，和孩子进一步讨论情绪话题。能够妥当应付自身情绪的你将会成为孩子的强大支柱。

然而，小多向思考者还会在情绪管理中遇到更多问题，我在《情绪管理指南》中尚未谈及他们的特殊之处。

悲伤和抑郁

不要把悲伤和抑郁混为一谈。悲伤情绪是一种心理留存机制，我

---

① 克莉司德·布提可南，《情绪管理指南》(Émotions: mode d'emploi)，茹万斯出版社，2003 年。

②《头脑特工队》(Inside Out) 是皮克斯动画制作室出品的动画电影，上映于 2015 年。——译者注

伤心是因为我在"追悼"某物的逝去。举个例子，周日晚上你很伤感，这是因为你在纪念过去的这个周末。每次感到悲伤时，你可以自问一下：是不是某事已经告终啦？我难以割舍的是生活的哪一块碎片？顺便提一下：人往往只会因某个曾为自己带来快乐的事物而悲伤。如果这个周末本身很糟糕，你不可能在周末晚上感到伤心。所以，你伤感的程度和你曾快乐过的程度正相关（快乐记忆也能为悲伤的你带来些许抚慰）。

而小多向思考者的悲伤有更多哲学层面的意味。他可能悲伤于世界上的爱太少，痛心于我们对树木和动物造成的伤害，或者为了一个丢了自家小狗的同学而伤感……但是，无论他悲恸的理由是什么，这种情绪并不会让他丧失活下去的欲望。孩子只需要接纳它并认可其存在的合理性就好了："是的，确实该伤心。"情绪一经表达，会自然平息下去，然后孩子就可以开始做下一件事了。

如果小多向思考者陷入抑郁，那是因为他们有烦恼了、他们受到了欺凌。抑郁并不是一种正常、健康的忧伤情绪。如果孩子开始内耗，他会忧心，会踌躇不前，此时的他便忘记了生活原本的意义——人活着是为了去汲取知识、去创造。孩子的这种郁闷倾向需要警惕，不过遏制它并不难。只要我们激发孩子的好奇心，那孩子就会很快重拾生活的乐趣。但抑郁比郁闷更严重，孩子会丧失活下去的愿望，所以一定要格外小心。一般来说，孩子的抑郁是由校园霸凌直接造成的。在后面的几章里，我会再讲讲孩子的烦恼和霸凌问题。

恐惧和焦虑

小多向思考者害怕很多东西，因为他们有着强大的想象力，也因为他们比普通孩子更早、更深刻地认识到了死亡的存在。他们看得太清楚了，所以无法被只言片语所安慰；他们知道做任何事都有风险，人并不能完全主宰自身的命运。最后，小多向思考者之所以害怕，其实还有一个缘由：这些孩子觉得自己并没有被大人完全接纳，大人们受不了特殊的他们。这种不安很大程度上解释了为什么他们有着旺盛的掌控欲和预期性焦虑[①]。孩子觉得他们只能靠自己。

很多人喜欢靠恐惧来取乐，他们喜欢悬疑片、惊悚片、刺激的赛马和极限运动。但小多向思考者不会无缘无故地去追求恐惧感。他们之所以选择直面恐惧，是因为相信自己能够战胜它、摆脱它，但遗憾的是，这些孩子太敏感了。不少孩子因此给自己造成了创伤。他们想要勇敢直面的那些恐怖图像最后在脑海中萦绕不去，化为了梦魇。而我们大人要做的，是提醒他们何为理性的恐惧，何为非理性的恐惧。理性的恐惧是指客观存在的危险，孩子们需要切实地进行自保。而非理性的恐惧则是大脑虚构出的精巧产物，它不可能如孩子们所想的那样成真，只是孩子自己导演的电影罢了。孩子们应该把这部片子换下来，在大脑里放别的电影，而更理想的做法则是用更有意思的活动来填满大脑。特别重要的一点是，家长需要用实际行动向孩子证明：我一直在你身边支持你、保护你。这是消除恐慌的最佳方式[②]。

愤怒

在大多数时候，小多向思考者之所以愤怒，是因为他的感官系统已经不堪重负。他承受不住了。我之前提到过：安静和独处能让孩子快

---

① 心理学名词，指在事情没发生之前就感到强烈担忧。——译者注

② 出自克莉司德·布提可南，《跟孩子好好说》（*Bien communiquer avec son enfant*），茹万斯出版社，2003 年。

速冷静下来；时时顾及他的高敏感性有助于我们预防孩子的情绪崩溃。

而愤怒情绪的另一个难以避免的诱因则是不公平感。它太强大、太难以根除了，这个我们在后面还会再谈到。

愤怒在某种程度上是一种自然产生的良性情绪，它可以帮我们赶跑来犯者，树立边界，让我们获得尊重。

不幸的是，因为害怕惹上事端，害怕关系破裂，也害怕因此确认是自己不合群而非别人的问题，所以小多向思考者很快就学会了压抑自己的愤怒。被遏制住的怒火让他们变成了一口偶尔会爆开的高压锅。很多成年多向思考者也无力表达他们的愤怒。这很让人伤脑筋。因为正是愤怒让我们得以做回完整的自己。家长需要告诉孩子：你的愤怒可能是正当的。如果你能在稍感不悦时便警惕起来，那么你就能有效地掌控这种情绪。我们可以冷静、坚定、简明地表达出我们在生气，比如这么说："够了，你现在有点烦人了，你不许……"

罪恶感

在小多向思考者身上，罪恶感有两种主要的表现形式。这些孩子很成熟，责任感极高。他们觉得自己和身边的一切都有关，甚至和世上的一切都有关。所以他们首先会因为自身的无能而感到有罪，总觉得自己是被动的。孩子们很希望能去做点什么，但是他们没有办法，还是得依赖大人。对付这种罪恶感的办法就是变得谦虚些，多给自己点时间去成长，相信自己总有一天也可以出份力，就像皮埃尔·哈比（Pierre Rabhi）所讲的印第安传说里的那只蜂鸟一样：有一天，森林里起了大火。所有动物都吓坏了，它们无能为力地目睹着灾难蔓延。只有小小的蜂鸟行动了起来，它四处找水，并用喙带来几滴水浇在大火上。犰狳看不下去蜂鸟这种可笑的行为，它对蜂鸟说："你疯了吗？你那几滴水灭不了火。"蜂鸟回答道："我知道，但我尽力了。"

世界上确实有很多苦难，但也有很多美好、很多奇迹和很多了不起的人。最好的总和最糟的相伴而生。我们无法承载起世上的所有苦难，但也没法袖手旁观。所以我们可以选定一个努力的方式，在自己的能力范围内尽一份绵薄之力。比如，我们可以树立起自己的道德理念，可以抵制一些东西，可以参与一两项公益事业，但要谨记，不要超过这个范围，否则我们的精力会被分散、耗尽。最重要的是要将自己的一点好心情传递出去，努力不助长集体的怨气。照顾好自己、保持良好心态，这已经是在帮全世界忙了。你可以向你的孩子讲讲你的价值观、你树立的目标和你的行动。要让孩子看到：原来爸爸妈妈就像那只小蜂鸟一样，已经通过日常的行动尽到了自己的责任。

罪恶感在小多向思考者身上的另一种常见表现形式则是完美主义。孩子们对自己太苛刻，所以会因为没有达到自己想要的完美而心生罪恶感。还是那个道理，我们需要让他们的预期回到合理范围内。后面我还会再谈到这一点。

羞耻感

被人用轻蔑的眼神打量时，羞耻感将吞没我们；遭受虐待、嘲讽、凌辱和骚扰时，我们会有同样的体会。对于孩子们而言，多向思考者身份所招致的无穷责难和来自同学的嘲笑是一种可怕的折磨。这还不算完，还要再算上校园霸凌。而抵御羞耻感的最佳方法则是让孩子重新为自己感到骄傲。

失落感

小多向思考者会有很强的失落感，这种感受的强弱与他们心智能力的强弱相关。孩子丰富敏捷的思想与现实情境之间总存在着巨大的鸿沟，正是这种差距引发了他不耐烦、灰心丧气的情绪。你应该告诉孩子，期望越大，失望越大。

要向他解释实现愿望的必经流程：一个宏大的愿望必须先被转变成一个更实在的计划，然后还需要落实到极其具体的行动之中。在实现愿望的道路上，我们必须做出选择，因此，某些东西只能留待追念。如此一路行去，我们最后才能看到空中楼阁化为实体。从诗人、建筑师到音乐家，你可以在孩子面前赞扬那些曾勇敢地让梦想照进现实的人物，给孩子讲讲他们的故事。

快乐

万幸的是，小多向思考者很懂生活的乐趣。他们拥有既脆弱又强大的感官系统，因此能够感知到生命中所有漂亮的、悦耳的、美味的、让人快乐的事物，你要帮助他培养这种享受生活的能力。

情感充沛

开讲座的时候，为了解释这种特质，我会展示一张图片。在生物学家们眼里，我图上的内容堪称异端邪说（不过最近我得知图里内容是符合事实的，无论是在比喻层面还是在生理层面）。我用该图来说明信息会先经过多向思考者们的心脏再流向他们的大脑。而科学家们目前已经证实，从心脏移向大脑的神经细胞比从大脑移向心脏的更多，心脏的电磁场强于大脑的电磁场。

据此，有两种情形会出现：

- 孩子敞开心扉。他完全信任对方，喜欢这个人，认同从他那里接收到的信息。信息直达大脑，被不费吹灰之力地理解和记忆。
- 孩子的心房由于外界压力大、时间紧迫、对谈者不讨喜或者信息让人兴致不高等各种原因封闭了起来，此时，信息到不了大脑，理解和记忆机制也无法被触发。

心脏是左右着多向思考者大脑的重要器官，它深深地影响着高敏感孩子们的生活。这些孩子都情感充沛，并且将一直如此。他们渴望着爱，但是，实在是可笑，人们怎么能背离自己的本性到如此程度，以至于宣称渴求爱是一种不成熟和软弱的表现呢？更何况，这些黏人的孩子并不是单方面从父母那里索取着温情；他们同时也在给予爱，甚至给出的更多。如果要打比方的话，小多向思考者并不是一口爱之井，他们是爱的涌泉。孩子拥有着强大的爱的能力，他们如此擅长爱，我们的社会为什么要感到羞耻呢？

而且，我们现在很缺乏集体归属感。大家将个人主义捧得如此之高，以至于我们已经忘记了互帮互助的高尚、分享之举的美好，以及身处人群之中的幸福。所幸，一个新的社会形态正在出现。现在，我们所有人都被联结到了一起（尤其是通过互联网），这多亏了那些打破传统经济秩序的年轻人的努力：我们和别人分享住宅和行程攻略、出借物品、合租房子……没错，爱很重要。孩子对它的坚守是正确的，你大可鼓励他朝这个方向努力。

超强的同理心

高度联觉同样会导致超强的共情能力，也就是同理心。发展到这个程度时，我们已经不能把"共情"理解为简单的"同情"了，而应该将其解释为一种"情感入侵"。由于过分关注外界、过于努力地去理解他人，同时情感又过于充沛，小多向思考者被从他人那里接收到的信息给淹没了。过多的共情会让人感到忧伤、焦虑，甚至患上广场恐惧症①。不少多向思考者都面临着如此境地。

超共情可能真的会成为一种缺陷。如果它自动运作起来，你的所有情绪会不由自主地与身边人同步。你将在真正意义上实现与他人"相交融"。这种超强的同理心会把你变成一只没有自己个性的变色龙，让你不加辨别地赞同身边人的所思所想。你所感受到的情绪并不都来源于自身，你将依附着他人而生存。所以，我认为高敏感儿童必须洞悉情绪的运作机制。学习的过程如下：

● 为了包容情感的存在，首先要理解情感的实质和它们的功能。
● 学会感受你自身的情绪，控制它们并把它们表述出来，这将便于你把自己的情绪和他人的情绪区分开来。
● 在不自动吸收他人情绪的前提下，你应该尊重和允许他人产生情绪。

容易过度同情、为人极度负责、愤慨于世间各种不公的小多向思

---

① 一种焦虑症，患者在身处公共场合和人群中时会感到恐惧。这类患者通常待在家里，很难外出。——译者注

考者会很快进入"拯救者"的角色。他们极易被卷入卡普曼戏剧三角[①]里，而这个心理游戏贻害无穷。

有些涉世未深的小多向思考者，因为他们"太过"勇敢、"太过"富有同理心，同时又有些天真，所以容易被卷进一些龌龊的事情中，被某个想要雪耻的伪受害者挑动情绪，成为他迫害无辜者的帮凶。

孩子们要明辨是非，同时也要坚定不移：如果事情真的很严重，那就要寻求成年人的帮助。一个孩子是无法应付危险局面的，他无法独自伸张正义。你不妨和他们讲讲那些自诩"拯救者"的孩子受到欺骗后身陷囹圄的真实案例。

为了控制住同理心、不被困于"拯救者"角色，他们要学会退后一步，不要仅看表象就下判断。也就是说，绝对不要冲动。这对小多向思考者而言是个不小的挑战（甚至成年人也难以做到）。孩子要学会区分同情和怜悯。有些老到的"受害者"喜欢博取同情并利用倒苦水来达到操纵别人的目的。但世上还有另一些人，他们在受苦，他们遇到了麻烦，但他们从不抱怨自己的苦难。每个人都该自己努力渡过难关，我们没必要为他人代劳。在电影《是的，但……》（ *Oui, mais...* ）[②]中，热拉尔·朱诺（Gérard Jugnot）扮演的心理治疗师给他的年轻来访者讲了这样一个故事：一个散步者在路边发现了一只正在破茧的蝴蝶，初生的蝴蝶似乎打不开它的茧。于是，这个富有同情心的人小心地帮它从茧中解

---

① 克莉司德·布提可南，《受害者—加害者—拯救者：逃出情绪陷阱指南》（ *Victime, bourreau ou sauveur: comment sortir du piège* ），茹万斯出版社，2011 年。卡普曼戏剧三角是由心理学专家斯蒂芬·卡普曼提出的交往模型，三角分别是受害者、加害者和拯救者。在人际交往中，人人都有一个自己偏好扮演的角色。但角色并不是固定的，每个人都在这三个角色中进行戏剧性的转换。——译者注

②《是的，但……》（ *Oui, mais...* ），伊夫·拉旺迪耶编剧、导演的法国电影，上映于 2001 年。

脱出来。然而，由于蝴蝶没有自主冲破茧的束缚，它的翅膀肌肉没能得到锻炼，因此它无法飞翔。

也就是说，伸出援手的我们，其实是在阻止他人得到锻炼。我们要把受挫吃苦的权利，感到愤怒、疲惫、烦恼的权利，以及独自克服困难的权利留给别人。他们所需要的应该是我们一直陪在他们身边，告诉他们："加油，你会成功的。"要说服孩子别去插手他人的困境，你可以这样跟孩子讲："你自己也不喜欢别人插手你的事，对吧？己所不欲，勿施于人。"

善于共情的问题就在于，我们也会去怜悯那些混账东西。
——摘自脸书（Facebook）上的一条评论

不幸的是，确实如此。小多向思考者的内心大都纯真无瑕，他们不会去评判他人，也没有半点报复心。他们怜悯那些坏心眼的孩子，因为觉得他们很不幸。为了帮助这些孩子找准自己的立场，大人要教他们将人和人的行为区分开来，要教他们谴责那些难以让人接受的行径。这时，我们要唤起孩子的正义感，告诉他们绝不能姑息这些恶劣行为，允许某人作恶并不会减轻这个人的不幸程度。最后，大人要提醒孩子们，不要把他们自己的价值观套在别人身上。孩子们肯定会想："要换作我是这个人，我肯定会很难过。"确实，但是你终究不是他。你不会这样做，可他这样做了，这就是证明，他和你的行为准则完全不一样。要再次提醒孩子：多向思考者和别人不一样，你们大脑的运作方式不同。我们要让孩子筛选自己的共情对象。

为了让自己不再受苦，有些时候小多向思考者会与自身的情感和他人的情感保持距离。这时，外界会指责他们麻木冷血、无动于衷。不论他做什么来迎合他人的期待，他总是错的！在教孩子理解他人面部表情、关注他人反应之前，大人应该先确认他们是否能将自己与他人区分开，并确保孩子没有成为一块吸收他人情绪的海绵。

最后，为了尽可能地控制住这种过分的移情，要让孩子记住这句话："如果你的同情对象不包括你自己，那么这种情感就是不健全的。"

复杂的树状思维

讲完感觉异常灵敏及其所衍生出的各种特质之后，我们来谈谈多向思考者的第二大特性——复杂的树状思维。你可以给孩子这样简单地解释：大部分人的大脑思维是线性的。他们的想法顺着逻辑链条一个一个按序出现。这种运作模式就好像是列车，每一个想法都是列车的一节车厢。我们也可以用绳结和绳子来形容。思考者的逻辑链就像一根打着绳结的绳子，每一个绳结（想法）都和前一个绳结（想法）有关联。

而在多向思考者的大脑里，思维的展开方式完全不同。他们的想法就像星星般四散，一个想法可能开启十个新想法，所以我们称之为"树状思维"——思维就像树的枝丫般分叉。我们同样也将其称为"复合型思维"，因为所有的念头都和别的念头相连，它们的思想就好像处在一张蜘蛛网上一样。我解释这个思维机制的时候，有些人会告诉我："是的是的，我感觉我的想法从四面八方朝我涌来，其中还裹挟着别的念头，和你说的一模一样！"另一些人则回答说："什么，思维树上才十个想法？你低估我了。在我脑子里，各种想法就像放烟花一样，火星四溅，到处都是。"思维的复杂程度因人而异，某些人的脑子是极度活跃的。

使用不同的思维模式会造成什么影响呢？简单来讲，思维列车总会抵达终点——"我遵循着逻辑，找到了一个解决方案。好，这事结了。"没错，线性思维的人是有可能停止思考的！这就是为什么常规思维者总是直白地告诉你"别想了"，好像这本是件很容易的事，只是你在纠缠不休一样。然而，当你有着树状思维时，你永远也停不下来。虽然多向思考者们做梦都想打住，但是他们没法给大脑"断电"。一个想法会催生十个新想法，新想法又将开启更多思路，无穷无尽。对于多向思考者而言，没有唯一的答案，而且他们无法验证其中一个方案是否好过别的。一旦他们感觉自己已经选好了，大脑就会质疑这个选择并推荐其他方案。多向思考者又会再次去考虑别的可能性，看是否有被遗漏的东西。头脑风暴重新开始。因此，无法打消疑虑是"多向思考者"的一个典型特征。

当人顺着一条打着结的绳子向前走时，他不会迷失在想法和推理之中。一个常规思维者不太会想不起自己要解决的问题是什么。他不会丢失思维的线索，除非谈话实在偏离了太多次主题了。而与此正相反，多向思考者可能在思维的蜘蛛网中完全迷失自我，他无法回忆起出发点，不知道自己是怎么想到这里的，也不明白为什么正在谈论这个话题。他一旦有了一个想法，就会任由它领着自己四处晃荡，然后他就彻底迷路了。常规思维者会因此而疑惑不已。他们理解不了为什么多向思考者会给出离题千里的评论，会感觉对方的思维不连贯。

常规思维者的想法是有条理、有逻辑的，但他把一切都切断、分离、隔开了，他不懂得如何汇集、混合、让各方相交融。由于无法让自己觉得八竿子打不着的事物产生联系，所以常规思维者缺乏创造力。而在树状思维者眼中，每个想法永远相互关联。因此，他们能给出新颖的、极富想象力的点子。

这两种思维模式的最后一点区别在于它们管理时间及规划工作的方法。条理清晰的常规思维紧扣着时间，它关注"当下"。常规思维者按照时间次序一个接一个地处理事务。其办公方式高度专业化，他"依次"做完所有性质相同的任务——这种组织过程也被视作是最高效的，符合"泰勒主义"①。但在多向思考者眼里，这是最无聊的工作办法。

能让多向思考者提高效率的东西是更加多元化的工作和意想不到的挑战。我们认为多向思考者注意力涣散、效率低下。这个看法可不一定对。多向思考者就像一个表演抛球的杂技演员，他可以同时控制所有球。不让任何球落地的想法刺激着他，他的精神始终高度集中，其专注程度远超我们的想象。其实，他们比泰勒所想的高效多了，只是他们创造的产值更难估量罢了。假设你让两个员工各自处理 10 份文件。第一位按顺序处理，一天下来，他搞定了 6 份。而另一个同时处理所有文件，最后每份都做完了 70%。其实，第二个人做得比第一个人更多。但是在老板眼里，这就是没做好，因为他没能彻底地处理完任何一份文件。跟孩子解释清楚这一点很重要：不论是在职场还是在学校，如何以可量化的方式显示你做过的工作比你实际工作了多少更重要。

那么，两种工作方式是否有高下之分呢？多米尼克·迪帕涅在他的《跳跃者归来》中比较了两位声名赫赫、才华横溢的成功人士：比尔·盖茨和史蒂夫·乔布斯。他认为乔布斯是一个"颇具讽刺意味"的跳跃者。史蒂夫·乔布斯年轻时肆意妄为、性格恶劣，但是他创新的速

---

① 指的是对弗雷德里克·W.泰勒的理论的具体应用。泰勒主义对工业劳作进行了合理规划，它的特点包括：研究工作完成所需的必备步骤、下发具有鼓励性的薪水、极致的专业化（分工、流水线⋯⋯）。

度令人叹为观止。他一手打造了 Ipod、Ipad 和皮克斯动画工作室，提出了去除实体按键的理念。而多米尼克·迪帕涅认为比尔·盖茨与史蒂夫·乔布斯相反，他发明的东西并没有太大突破性。比尔·盖茨的成功主要靠的是他本人了不起的政治头脑和商业手腕，微软产品才因此得以称霸世界。迪帕涅总结道："史蒂夫·乔布斯是富有远见的人，而比尔·盖茨是善于经营的人，这是两种成功路径。"

我们要给拥有复杂树状思维的孩子解释他神经运作的所有特点，让他认识自我和理解自我。是的，他的大脑高敏感、高情绪化，它充满了各种情绪且极度活跃，有这样一颗大脑真的很棒！

Chapter IV

我的辅导案例分享

小多向思考者最需要的是有个成年人愿意花时间向他解释他是谁、他的大脑是如何运作的，以及他因何而与众不同。这种指导效果惊人。每次我这么做了之后，家长都反馈说孩子变了。

为"多动症"孩子办讲座

我想跟大家分享我在瑞士为 10 个所谓的"多动症"孩子举办讲座的经历，这是我的首次尝试。在专业教师克洛德·埃莱娜的提议下，我在一所小学举办了这次活动，有 10 个孩子前来参加，他们的年龄在 7 岁到 14 岁之间。我们的目标是让孩子们能更好地把控自己的多动特性。

我站在学校多功能厅门口迎接大家的到来，并开始观察孩子们的表现。7 岁的西蒙是个精力旺盛的小可爱，他很开心，很活泼，完全消停不下来，这孩子还很喜欢恐龙。他对恐龙简直了如指掌，句句都离不开它们。10 岁的马修逗西蒙说，有一种恐龙（他编了个很专业的名字）他不认识。西蒙气得大叫："我都跟你说了，我认识所有的恐龙，你说的那种根本不存在！"马修还是坚持己见，他以让西蒙抓狂为乐。不过西蒙没有乱了阵脚。就在他们争执的时候，14 岁的卢多维克来了，他眼神严肃，绷着一张脸。我接待了这个孩子，并且试图让他放松："你好，卢多维克，你知道自己为什么来这儿吗？"卢多维克生气地回答道："知道，我来这里是因为我是个麻烦精。"接着，玛丽来了，她被诊断出了注意力缺陷且学业成绩很糟糕，这个女孩儿很拘谨。然后克洛伊和纳坦来了……

人到齐以后，我们大家坐在椅子上围成一圈，我开始从我的角度向这些孩子说明他们为何被称为"多动症"孩子。事实上，我只跟他们讲了讲《多向思考者》里的内容。我说他们的大脑运作方式和常人的不一样，并开始详细地介绍他们的感官系统。

我讲道："你们是感觉异常灵敏者，也就是说，你们的五感天生比常人发达。比如，你们可能会看见更多东西，因为你们比别人更能观察入微。"西蒙激动地大喊："家里人都说我有一双鹰的眼睛！"马修也兴致勃勃地讲："别人说我有双猞猁的眼睛。"别的孩子纷纷附和："我也是，我也有双猞猁的眼睛。"我们还谈了听觉、味觉和嗅觉，每个孩子都能举出事例证明自己的感官极度发达。讲座接着进行，我逐步跟他们讲解自己书里的内容，孩子们同意我说的每一句话，并用他们自己的亲身体会来加以佐证。卢多维克也不再皱着眉头，他开始表现出了一点兴趣。我们无所不聊。大家还重点讨论了什么是"多任务大脑"，即它必须同一时间做好几件事。西蒙大呼："对，我喜欢倒立，因为我脑袋朝下的时候能学得更好！"另一个孩子补充道："是的，我喜欢在写作业时听音乐、看电视，这能帮到我。但是爸妈不愿意我这样。"

然后我们谈了谈他们大脑运转的速度。我告诉这些孩子，因为他们有着如此敏捷的大脑，所以课堂有时会显得很无趣。为了便于其他孩子理解，老师必须讲得更慢，而且会重复好几遍。孩子们一致同意。他们是这么说的："上课的时候我无聊得要命！所以我宁愿睡觉，这样就不觉得无聊了！"克洛伊补充了另一种情况："我的老师人很好。她希望我出去在走廊上喊几声。所以好几次我都走出了教室，去走廊上喊叫。然后我就感觉好些了。"克洛德·埃莱娜说她有时确实会碰见克洛伊在走廊上大叫。听到这话我感觉挺难过的。孩子们平日里需要如此地克制、压抑自己，他们承受着多大的痛苦啊！他们明明这么活泼、聪明和机警，然而却被迫睡觉，以此来忍受课堂时间对他们无休止的折磨！这真是糟糕透顶。

然后我们又聊到了恐惧。在之前讲情绪的章节里，我已经说过了这个问题。由于拥有这样一个极富创造力和想象力的树状思维，这群孩子会恐惧很多东西，而且恐惧感难以被疏导。小多向思考者永远在焦虑。我发现，这些孩子之所以不断尝试去面对恐惧，其实是为了有朝一日能够掌控这种感受。在场的孩子既不安又兴奋，七嘴八舌地跟我讲僵尸电影的内容。对于他们而言，僵尸似乎就是最恐怖的东西了。很多孩子也直言自己被电影中的图像吓坏了，看这些电影让他们倍感恐慌，并没有让他们变得更加从容冷静。我认为，多向思考者的父母们，在知道孩子过度敏感、想象力极其发达的情况下，应该特别当心，别让孩子们看恐怖片，哪怕孩子好像着了魔地想看。

讲座开始一个多小时后，马修举手："女士，我们是多动症孩子，我们能去外面跑一会儿吗？"其他孩子立刻响应。当然可以！我怎么忘了这点。于是我们稍作休息，孩子们冲向操场，去跑、跳和爬……10分钟后我去看他们玩够了没有，但孩子们都央求我再多给一些时间。又过了5分钟，他们心满意足，主动回来了。我观察出了两件事：首先，他们知道自己需要发泄，在这方面，成年人应该相信孩子们；其次，这个讲座确实让他们很感兴趣。

我们谈起了阅读障碍，我给他们分发了下面这段话：

如懂果读能这你个，那你的大的脑很真特么别。你懂读能吗？一百里个人有五十五只能人个读懂。当现发我懂己自读段能这话时，我简相不直己信自的眼敢睛。人大的奇太脑妙了。剑桥大学的表项一报告明，字的母重序次不要，只要一个单词第的一个和后最个一母字正确，人就懂能读了。因大脑为不按照是母字来懂读单词的，它把词单作视个一整体。你很是不惊是呀？我是也，我一认为直知道怎拼么读单词很关键！如俢①果读能懂，请再接再厉！

最小的、还在学习阅读的孩子，比如西蒙和纳坦没能读懂这段话，但是年纪最大的那些孩子都被这段话给逗乐了。玛丽不再拘束，连她也忍俊不禁。后来，她跟父母说："这段话读起来很好笑、很有趣，因为它很复杂！"请注意，这个有着"注意力缺陷多动障碍"、成绩很差的小女孩儿也是唯一一个发现这段话里有拼写错误的人。当天晚上，在给家长开讲座的时候，虽然我已经提前说了文章里有错，但他们还是没能找出来（我在书里引用这段话时保留了这个错误，你可以自己试试看……）。

孩子们发现有人能理解自己了。也许是想试探我会不会说一套做一套，他们要求边听我讲边画画——因为我刚才说他们都是多任务者，需要同一时间做好几件事。所以在讲座结束的时候，孩子们都是趴在地上的，他们一边听我说话一边画画、上色。不过，将理论付诸实践确实

---

① 该字是作者刻意安排的错误，原字是"你"。——译者注

不容易。我发现我很难与那些看起来好像并没有关注我，但又确实在专心地听我说的孩子们交谈。

最后，我宣布活动结束并问他们："你们还有别的问题吗？是不是已经清楚自己的大脑是如何运作的啦？"马修代表所有人自信地说："当然，大家都懂了，我们可是多向思考者！"他说得很对，大家都不作声地表示赞同。卢多维克露出了大大的笑容，我问："那么，卢多维克，你还认为你是个麻烦精吗？"他笑着答道："不，有这样的头脑真好！"这样的说法我简直不能再同意了！

这场讲座是在下午举行的，我在晚上就同一主题开了另一场讲座，不过这次是面向家长们。校长也出席了，但是 30 名教职工中只有 4 名（包括克洛德·埃莱娜，她是活动的组织者）到场了，甚至学校里的两位言语治疗师都没有来。

这情形叫人有点灰心。西蒙的老师也没有屈尊到场，在这之前，我提议她让西蒙做一个恐龙主题的课前展示，这有助于让他冷静下来，但她声称自己难以和这个"充满控制欲"的孩子相处。来参加讲座的家长后来告诉我，孩子们回家后都很高兴，他们和以前不同了。几周后，克洛德·埃莱娜跟我分享了孩子们的近况：参加活动之后，孩子对自己更加有信心了，他们不仅成绩变好了，和其他孩子的关系也有所改善。学期末，玛丽的家长给克洛德·埃莱娜写了一封邮件：

老师好！您近来如何？

玛丽告诉我们：

●她很高兴，因为她知道了自己不是个笨蛋，自己并不需要那么多照顾。

● 她知道了要做成某事并不需要付出难以想象的辛苦。

● 讲座恢复了她的信心。

● 知道自己不是唯一一个这样思考的人，她感觉好受
　些了：原来她不是"外星人"！

● 她对自己有一些疑惑，讲座给出了答案。

● 布提可南女士给出了一些学习和生活上的实用建议。

而作为父母，我们发现：

● 她变得更加外向和"平和"了。另外，她希望停止心
　理治疗，因为她觉得没用了。

● 玛丽满怀信心，憧憬着自己的中学生活。

● 和女儿交流的时候，布提可南女士的建议常能帮到我。

● 学年末，玛丽在学情表的"没有遇到学习困难"一栏
　打上了钩，这是第一次，她进步真的很大！

再次感谢您对孩子的付出，向您致以我最美好的祝愿。

家长 ×× 敬上！

能得到这样的反馈我很开心！其实只需要跟孩子们解释两小时，
我们就能恢复孩子们的自信心、学习能力和社交能力。

也是机缘巧合，就在讲座举行的上午，我在下榻酒店的商铺里发
现了一本小书。这个小册子的名字是《坐不住的孩子：给父母和教育工

作者的建议》（*L'Enfant agité: conseils pour parents et éducateurs*）。出于好奇，我买下了它并在培训开始之前翻了下。书里这几个标题可以大致说明它讲了什么——"承认这是一种病态""婴儿的病症""致病原因""全面认识这种病态""对使用精神刺激性药物的几点意见"（谢天谢地，这本小书的作者至少还是反对使用利他林的！）。卢多维克说得对：对于常规思维者而言，多向思考者真是个麻烦精！

整个培训过程被拍摄了下来，克洛德·埃莱娜希望以此为参考，开展"多动症"孩子教育工作。我很感谢她组织了这次活动并留下了记录，因为这也能帮到其他遇到同样问题的孩子。

个人辅导

有了这次团体辅导经验后，我会时常对个人心理辅导方案加以调整。由于多向思考者往往是遗传性的，所以我经常碰到一家子多向思考者。不得不说，我从中获得了巨大的乐趣。他们一点就懂、触类旁通，就像我们在"多米诺骨牌日"（这是个国际比赛，赛场上有很多复杂的多米诺骨牌阵。只需轻碰牌阵中的第一枚，其他经过精心布置的牌就会赏心悦目地接连倒下。网上有很多让人叹为观止的大赛视频，你可以放给孩子看）里见到的那样。小多向思考者大脑里的"多米诺骨牌阵"更加灵敏、强大，运作也更高效。孩子们所遭遇的痛苦和困难比成年人少，所以他们胆子更大，遇到的阻碍更小，需要忘却的创伤经历也更少。在探索这个世界时，孩子们的大脑只想着去理解，它能很快在万事万物间建立起联系。

另外，我不会接待完全没有父母陪同的孩子，父母中至少要有一位到场。瑞士的那次活动里，所有孩子的家长都来参加了晚上的讲座。

我希望成年人能够充分参与进来，和孩子们听到同样的内容，这将是他们和孩子进行讨论并相互理解的基础。

经常有人要求我专为孩子们写一本孩子们单凭自己就能读懂的书。我强烈反对这种观点。一方面，13 岁的孩子已经读得懂《多向思考者》了，虽然他们的父母仍然觉得他们尚不具备这个能力。另一方面，成年人不应该逃避责任。给孩子们解释他们是谁、他们的大脑怎么运转的是大人的义务。让不满 13 岁的孩子独自看书、独自弄懂一切，而大人们却完全不试着去理解孩子，这将毫无意义。我那些感到难为情的读者还在坚持："我不是想打发他自个儿去看书，我这样做是为了让孩子能直接获取到信息。"也许存在一定道理吧。但我仍坚持，大人们尚且需要花时间消化自己在阅读中的发现，我不愿意让一个孩子经历这些。我认为，应该由一个善良可靠的成年人来点醒孩子，并在顿悟时刻陪伴在他身边。

在给孩子做心理辅导时，我会把事情解释得很简单，就和我在瑞士那所小学里所做的一样。我首先介绍感觉异常灵敏现象，然后再顺着本书之前的章节内容往下讲。绝大多数孩子都听得很认真，听完之后会发表些评论或者提问。不过，问问题的情况很少，因为我的解释已经足以让他们明白了。最后，我给出一些建议，以帮助他们理解身边的人、维护好人际关系，我还会教他们一些提高成绩的小窍门。在大多数情况下，安排一次对谈就够了。家长们都说孩子回去之后"大变样"——这是他们最常用到的词。

比如，8 岁小女孩儿戴安娜的妈妈露易丝，她给我发来了这样一条信息：

晚上好!

谢谢您。距我上次带女儿来找您咨询已经过去 10 天了,我发现戴安娜变了。就在这短短几天里,她真的进步了很多,内心更加成熟了。您和她关于"多向思考者"的讨论让她受益良多。我不后悔带她来这一趟,因为来过之后发生的全是积极变化。她回家后还把这些都告诉了她的姐姐。出于好奇,我的大女儿也读了您的《多向思考者》,她在书中看见了她自己。

感谢您!

期盼再会。

露易丝

这种顿悟到底带给了孩子怎样的影响?以下是两份"证词"。第一份来自一位父亲,他实践了我的解释方法;另一份则来自一个在历史—地理老师的推荐下读了《多向思考者》的 14 岁女孩儿:

晚上好!

感谢您抽出时间回信,也谢谢您的建议。我回您的信回得太迟了,因为我想在写信之前先多思考一下。

您的办法起作用了。今天晚上,我花了点时间跟我 6 岁的小孩儿解释了左脑思考者和右脑思考者的概念。跟他讲解的时候,我力求简明。我用到了"斑马"这个好玩的词。他一下子就明白了,问我:"我是一匹'斑马',对不对,爸爸?""是的,儿子,你是'斑马',我也是。"他开心地笑了起来，我感觉那是如释重负的笑容。

他妈妈这周末不在家，他本来担心自己会因此而难以入眠，结果最后只花了3分钟就睡着了。这之前，尽管我们大家（父母、心理医生、老师）都清楚诊断结果而且齐心协力帮助孩子，但没人了解过"右脑思考者"或者"斑马"的故事。这太遗憾了。我在几个月前就是靠它们摆脱了潜在的抑郁状态。过去的几年里，我一直郁郁寡欢，感觉自己与常人不一样。我不知道跟孩子讲这些会不会起作用，但结果证明，这种解释方法帮了我大忙。儿子安静地睡着了，而我也将度过一个美好的夜晚。

再次感谢写出了这本书的您，谢谢您提供的建议。最后提一嘴：前几个月，我在认识的人里发现了两个"斑马"。我建议他们去读您的书。他们一开始很是惊讶，后来却总是感谢我的这次荐书，我真的很高兴。

晚安！

致以最良好的祝愿。

您好！

我叫雅德，今年14岁。我的历史—地理老师推荐我读了您的《多向思考者》。这本书真的帮到了我，它让我会心一笑。

我也通过它重新认识了自己。

您说得很对，我觉得同学们就像是睡着了一样，他们都生活在一个满是幸福的"泡泡"里，无法像我一样看清我们所处的世界。他们不是能和我深入探讨这个问题的合适对象，所以我并不会纠缠于让他们理解我所看到的。我轻松地融入喧闹的人群，避免用我的问题去惊扰大家。的确，生活中的一些小事会让我欣喜若狂，让我想去拥抱所有生灵。如果碰到悲伤的情景，不论是和别人有关还是和我自己有关，我都会掉眼泪。举个例子：大概在一个月前，我和同学去看了一场古希腊悲剧。我大哭一场，鼻涕都出来了。我的同学们都笑话我。看到有人在这种场合里哭，他们觉得很不可思议。我解释一下，我哭是因为看到剧里有两个人自杀了。总而言之，我写这些都是为了向您道一句"万分感谢"。因为您，我感觉自己不那么孤单了。

另：我犹豫了好久，害怕给您写这封信……

雅德

谢谢你最后发出了这封邮件，雅德。确实，悲剧里讲得最多的就是谋杀和自杀的故事。

你看，一切并不复杂。你只需要让孩子知晓和理解，顿悟之后，他们就能根据对自身的了解灵活应变了。

第二部分

养育敏感孩子，父母要把握6个关键

Chapter V

引导孩子理解自己的不同
—— 纸筒看世界和小灰驴的故事

　　家长们，现在轮到你们了！你的孩子需要在你的引导下理解自己，成为自己。他需要你的启发。

　　如果你更能在我所说的常规思维模式中找到认同，那么你是值得称赞的，因为你阅读了本书，试图理解你家的小多向思考者。我由衷地祝贺你、感谢你。在向孩子解释他是谁的同时，你也不要忘了明确自己的定位：你是一个思路清晰、充满理性的人。你要告诉孩子，你无法百分百理解他，因为你的思维方式和他的有差别。既然你已经知道了他是多向思考者，你应该用鼓励代替批评，并尽力向他解释这个世界的运作方式。对你而言，一切都不言自明，但是解释显而易见的事情并不总是容易的。花两小时向孩子说明为什么世界上有门、它的作用以及如何打开它可能在你眼里是件很荒唐的事……（不过，锁具可能真的很令人着迷 —— 法国国王路易十六就是锁具爱好者！）为了弄清楚孩子需要什么，你不妨想象一下自己要接待一位来自亚马孙河流域的小印第安人。他对我们西方世界一无所知，对社会里的条条框框一窍不通，从来没见过门。所以，你需要给他解释一切，包括那些显而易见的事情。如果想更好地体会这种差异，你可以和孩子一起观看电影《都市外来客》(*Un Indien dans la ville*)①。片子里的小印第安人就曾感叹:"弄明白可真难!"

但是有句谚语说得好:"苹果不会掉得离苹果树太远。"孩子是多向思考者的话,那很可能父母中至少有一位也是。那个人也许就是正在阅读本书的你!如果确实如此,那么书里谈到的这些一定能与你的儿时记忆产生共鸣。就像那位名叫洛伊克的父亲所说的:"我太清楚这有多痛苦了,可我不知道该怎么帮他。原因很简单——我自己小时候从来没有得到过帮助。"为了帮助孩子,你也应该努力,和孩子一同成长。为了接受孩子,你需要先接纳你自己。

向小多向思考者解释他们的不同之处

好的,该怎么让孩子理解和接受自己是一个多向思考者的事实呢?其实很简单,可以参照我在那所瑞士小学里的做法。玛丽说我"给出了一些学习和生活上的实用建议",说因为知道"自己不是唯一一个这样思考的人",不是"外星人",所以她感觉好多了。同样的道理,你给出的解释也能抚慰孩子的心灵。因为孩子是多向思考者,所以你可以放宽心:他完全能听得懂你说的话,多向思考者的复杂大脑会以自己的方式重组信息,就像马修所说的那样——这孩子当时大喊:"当然,大家都懂了,我们可是多向思考者!"

在瑞士举行的那场讲座里,我花了两个小时(中间休息的时间不到一刻钟)来说明白这一切。而在日常的个人辅导中,一个小时的讲解

①埃尔韦·帕吕(Hervé Palud)导演,蒂埃里·莱尔米特(Thierry Lhermitte)、帕特里克·坦西(Patrick Timsit)、卢德威格·布莱恩得(Ludwig Briand)、缪缪和阿丽尔·朵巴丝勒(Miou-Miou et Arielle Dombasle)主演,1994 年上映。

对我而言足矣，我现在对要讲的已经烂熟于心了。而你在讲解的时候花的时间肯定会比我多些，但你可以分几次来完成。为了能讲清楚，你最好在讲之前好好温习一下书本，不然会出现更多的问题。最重要的是，你要讲简单些！

你应该跟着这本书的思路走，最好就按我的写作顺序来。我之所以常要求读者这么做，而不是由着他们东看一页西看一页，并非是想故意为难大家。其实，在写作本书时，我专门设置了逻辑上的递进，以便让读者渐渐打开思路。我从感觉异常灵敏开始，这是多向思考者大脑运作的基础，然后引出了所有由它导致的特性，最后以复杂的树状思维作结。我认为这样的编排比较合理。你在讲解时应使用易懂的词汇、短句和具体事例。你可以为孩子朗读书里的一些片段，因为我在写作时使用的语言就很直白。在咨询实践中，我发现六七岁及以上年龄段的儿童完全能够明白我讲的内容。接着，你要循序渐进地用他日常生活中的例子来帮助孩子内化从书里获取的知识：感觉异常灵敏在他身上是如何体现的？他有哪些高度情绪化的表现？他的树状思维、他的思考方式，以及他与线性思维者的不同之处，后者和他看事物的角度不一样。你可以在讲述的中间稍事休息，要问他是否跟上了你，要问他有没有没听懂的地方，同时要接受和肯定孩子所给出的评论。

作为对讲解的补充，请你多打些比方吧！多向思考者主要依赖的是右脑，所以他们喜欢图片、绘画、举例子和比喻。至于小孩子们，他们就更好这一口了。

我用得最多的例子是下面这个：

在咨询室里接待小多向思考者时，我会拿出一张 A4 纸，然后卷成直筒。我对孩子说："大部分人是这样看待生活的。"然后我请他从纸筒里看出去。在咨询室的座椅中间有一张矮茶几，我在上面放了纸、笔和一个小摆钟。从纸做的直筒望出去，我们能清楚地看到笔、摆钟和纸，但是我们看不见整张矮茶几。我提醒了孩子这一点。然后我让他把纸筒转向屋里的电暖气片方向，它在比矮茶几更远的地方。情况是一样的：透过纸筒，我们能看见电暖气片的棱角沟槽，但看不见整个电暖气片。接下来，我把纸卷成圆锥漏斗状，我跟孩子说："这是你看世界的角度。"神奇的事出现了，虽然漏斗圆洞的直径比纸筒的小，但是我们却能把茶几和电暖气片尽收眼底。然后我解释道："所以，有时候人们不懂你。你说：'幸好这里有个电暖气片！'而别人误会了你，说：'你怎么胡说啊，这里根本没有电暖气片，只有一些沟槽。'或者你说：'这个茶几真好看啊。'他们问你：'你在哪里看见茶几啦？屋里没有茶几啊。'"我补充道："现在你看出不同了，也知道了在和那些与你观看方式不同的人在一起时，你不要太执着于自己的观点。如果你硬要坚持屋里有茶几或者电暖气片，他们会觉得你是疯子。你的朋友会笑你，因为他们看不见。但是，从他们的角度来看，他们说得也对：从直筒看出去时，茶几的确是不存在的。"

之后，我请孩子回忆自己之前被误解的情形，想想是什么导致了身边人不明白他的意思。我会告诉他很重要的一点：智者和疯子的差别就在于，智者知道自己不该和谁说。当我们感觉别人不懂的时候，就不该坚持下去了，不然他们最后会生气。想必你已经发现了，这个建议对成年人也适用。

另一个例子也很有用：小灰驴的故事。

小灰驴性格温驯、踏实耐心，它们很听话，也很有勇气。小灰驴可以长时间负载重物，走山路也走得很稳当。它们一般不会趔趄，而且可以走很久很久。它们能小跑，但是很快就会筋疲力尽。因为它们的骨架构造不合适，天生就不宜跑动。如果你用鞭子抽小灰驴，它会闹情绪，会发怒，但就是不跑。

而世上还存在着赛马。和小灰驴不同的是，它们感情充沛，性格倔强，人要花大功夫才能驯服和教导赛马，最后才能骑上去，让马听从指令。路途陡峭的话，马的步伐不平稳，会走得磕磕绊绊，会摔倒。骑手要稳稳地拽住缰绳，帮马维持平衡。要是你让赛马负载重物，它们很快就会累得不行，脊背也可能会受伤。所以赛马的骑手们大都体型较小，还要严格控制体重。但是马儿们很喜欢赛跑，跑起来像闪电一样。赛马和小灰驴都需要陪伴。它们讨厌孤独，乐于分享同一片草场。你就是一匹赛马，而很多人则是小灰驴。要是你想跑，你可以跑起来，甚至有时可以和别的马儿赛跑。但在大多数时候，为了能和小灰驴和睦相处，你就要努力和他们保持步调一致。如果你做到了，你就可以享受到小灰驴的平和与友善。

用这个例子解释两种人群的差异很方便。当然，你在讲这个例子的时候不能忘记：要始终对小灰驴保有尊重和敬意。

除了小灰驴的故事，你还可以讲讲丑小鸭的故事。当孩子因自己与众不同而被欺负时，讲这个童话故事很管用。

来自家长的解释和启发对于孩子而言影响深远。父母们都说孩子简直"大变样"。别忘了瑞士那群"多动症儿童"在听完解释后的改变：他们重拾自信，学业成绩提高，与其他同学的关系也变好了。孩子能在越小的年纪理解这个道理，他们痛苦的时间就会越短；孩子越早找到自控的关键，他们就越能从容地面对生活。遭遇外界的不理解、暴力、否定和批评时，认识自己是最好的自保方式。认识自己可以避免我们陷入过于迎合他人的"虚假自我"里，不少成年多向思考者一辈子都受困于此。

Chapter VI

教孩子做自己，不过度迁就
——长发公主的故事

读到现在，你一定懂了：让人痛苦的不是多向思考者的特性本身，而是多向思考者不被他人接受和理解的事实。

"你是异类，你有缺陷"

我们之前谈到了标签的圆舞曲。没错，在今天，世人深信差异性是需要解决的麻烦。我们难以容忍差异，在这样的环境下，只要孩子的某个行为不符合世俗成规，家长们便竞相去找专家。如果不这么干，那他们很快就会被说成是"不称职"。因此，一旦在教育非典型孩子的过程中遇到困难，家长就会本能地向专业人士寻求解答和帮助。然而不幸的是，家长在向专家们追寻答案时会遭遇两大绊脚石：对差异的否认以及对它的疾病化。我们在第一章中已经聊了专家们正在兜售的各种疾病标签。孩子从他们那里接收到的信息是这样的："你的人格有缺陷，你不会被认可、被接纳；你生来就该受人指摘。我不觉得你天资卓绝或者独具慧心，你只是一个残疾人而已。我会治疗你，但是我只能减轻你的症状而无法治愈你。"之后，我们就会惊讶地发现，非典型者（比如患有阅读障碍的人）活得十分苦闷，且极度不自信。

灾难性的否定

家长们可能碰到的问题之一是对差异性的否定。它有以下几种形式：

● 对方明确拒绝接受"多向思考者"这类概念，不管我们给它冠以什么别的名字。对方完全拒绝讨论，相互理解的可能性被彻底堵死。情况乐观的时候，多向思考者的家长会被当成一个自以为生出了天才的傻瓜。如果情况更糟，那么家长会被视为管教不好孩子且不愿承担后果的人。要是家长还离婚了，那么对谈者会认为家庭内部矛盾是孩子所有问题的根源。而意识到孩子与众不同并出声提醒的那位家长则会被当成是激化孩子问题的人。不论对于家长还是孩子而言，这类否定都很伤人。在某些时候，人们甚至会指责忧心孩子的那方家长，说他 / 她是在刻意把孩子塑造成非典型者，目的就是让小孩儿疏远另一位家长，并让另一位家长失去所有人的信任。一旦大家陷入了这个预设，那么就没人会听取家长的意见了，也不会对他 / 她施以援手。

● 第二种否认的方式同样伤人，但更加隐秘：对方似乎接受了"多向思考者"这个概念，但完全不顾及它的具体含义。他对你的话表示赞同，然后迅速切换话题。你说孩子是个多向思考者，这不起任何作用。你好像什么也没说，一切还是一成不变。

或者，你的声明让对方产生了一大堆对于多向思考者的偏见，这也证明了他们确实对此一窍不通。但与此同时，对方并不会做出任何改进，仍旧无视多向思考者遇到的种种难处。试图阐明孩子需求的家长努力为自己辩白，苦苦重申自己的观点，然而无济于事。家长反倒可能会惹恼对方，并最终导向第一种彻底的否定。别人会想：说孩子是"天才"的父母，自认为孩子是特别的、优于其他孩子的，他们就是想让孩子获得优待！

我们已经开始意识到，这种对差异性的否定会对孩子造成一些负面心理影响。它可能会导致：

● 抑郁，甚至是自杀倾向；

● 孩子隐藏自己的聪慧，为了不惹事上身而表现得与常人无异；

● 孩子的焦虑与日俱增，出现强迫症和恐惧症；

● 孩子用毒品、酒精、电子游戏、高危举动等上瘾事物来麻醉自己；

● 孩子恐惧上学和社交；

● 孩子讨厌学校，可能会退学；

● 孩子构建出虚假自我，常年深陷其中。

你看到了，孩子遇到的大部分困难并不来自他们本身，而是来自外界的粗暴质疑。

省去 10 年到 20 年的心理治疗

在引导成年多向思考者方面，我已有长达 25 年的经验了。我坚信，成年多向思考者在治疗中试图解决的问题全是由于自小就遭到否定所致。

因为我们在成年多向思考者身上看到了和小多向思考者一模一样的特点，这也是必然的：

- 在批评声中长大的人会感觉自己做什么都不对，以至于他们产生了一种病态的恐惧，害怕被遗弃。所以他们会在情感上依赖别人，这样真的很糟糕。

- 当我们和周围的人格格不入时，又何谈建立起自信与自尊呢？然后你又会因为自尊低下而再度受到批评。

- 因为无力获得他人认可而灰心丧气，孩子告诉自己："有朝一日我变得完美了，也许就会被爱啦？"所以他有病态的完美主义。这样也不好。

- 为了逃避大量伤人的批评，孩子会付出巨大的努力，试图知道别人对他的期望，并努力实现这种期望。人们接着就会指责他唯唯诺诺、不知道拒绝，说他太善良了，所以招来了小人。

- 找不到解决自己问题的办法，自然会很焦虑。当多向思考者完全不被别人理解并想着"我肯定遇到麻烦了，但具体是什么呢"时，他必定会惶惶不安。人们就会指责多向思考者思虑过多。

罗宾·威廉姆斯（Robin Williams）[1]曾言："我之前始终觉得，孤独终老是人生中最糟糕的事。但我错了，最糟糕的是终老之时被让自己感到孤独的人所包围。"但对于多向思考者来讲，孤独感以及自己是"外星人"的错觉并非直到终老之时才产生，而是萌芽于童年时期。是的，他们是被误解的、做什么都是不合时宜的。悲观消沉的确是多向思考者的生活底色。

如果人们一开始就告诉孩子："你完全有权做你自己，以你的方式

---

① 美国著名演员，曾凭《心灵捕手》一片获得奥斯卡最佳男配角奖项，2014年自杀离世。——译者注

感受世界。我们爱本来的你，你不必改变。"那我们说了这么久的"虚假自我"根本不会存在。

当他们和心理专家沟通时，多向思考者往往会收获更多的新标签。不少人跟我说他们被诊断出了"边缘型人格障碍""双相情感障碍""妄想症"或者"精神分裂"等。

有的心理治疗师表示，如果某人是多向思考者，那是因为他被虐待过。多向思考者的特性（心理治疗师们称之为"适应性"）只是受虐所致。这种观点再次表明，多向思考者与生俱来的特性在某些人眼中只是一种特定情境下的产物。还是老一套，人们告诉多向思考者，你受伤了，生病了，所以要接受治疗。认为多向思考者特性源于创伤的这种说法，其实颠倒了因果。

多向思考者的特性不是一种受创后的反弹。我能举出很多论证来：比如，当一个多向思考者生活在安宁友善的环境中时，他并没有创伤导致的心理压力，也不会感到焦虑或是被人看不起，但他仍保留着复杂树状思维和异常灵敏的感觉系统。因此，我觉得应该反过来说：因为他们是多向思考者，所以他们从幼时起就被虐待。因为他们被粗暴对待，所以状态越来越糟。

而另一边，当心理诊疗发明了更多新标签，并将多向思考者的特性视作一种创伤后遗症时，心理治疗其实已经成了多向思考者自幼所忍受的虐待的延续。在心理诊所里，多向思考者又一次发现自己不被人理解，自己和在别处一样遭到批评。所以，有些心理治疗对于多向思考者而言是无效的，甚至可能会给他们带来毁灭性的打击。

发现自家孩子是多向思考者，大人们不可能无动于衷。他们的态度无非以下两种：要么爱他，要么受不了他。我相信讨厌孩子的大人和爱孩子的大人一样多，因为聪慧的小多向思考者能让成年人的虚伪无处遁形。设想一下，当孩子感受到大人的排斥和敌意，自己却不清楚缘由时，他又会怎么想呢？

从过分迁就到虚假自我

因为人们都说多向思考者的存在是个麻烦，因为多向思考者们遭到了强烈的排斥，又因为他们在人群中占比太少，所以，多向思考者们虽然付出了巨大的努力，尝试融入这个不属于他们的世界，但最后仍徒劳无功。正因为此，他们过得很糟糕。过度迁就他人有以下体现：

- 首先，我不敢再听信自己的内心，因为外界并不认同我的心声。我无法相信自己的直觉以及感知，因为别人说这都是错的 —— 你感受到的都是不对的（"你在胡编乱造，毛衣根本不扎人"），你感知到的东西都不存在（"房子根本没有在燃烧！""马场里根本没有恐怖的声音！"），当我和别人所感受到的东西不一样时，那是因为我疯了，所以最好要相信其他人所说的。我要切断接收外部信息的天线，关闭自己的感知系统。全是幻觉，无须在意。

- 其次，别人对我的看法也让我困扰：他们眼中的我和我本人对不上号。不是的，我没有任性，我没有在演，我不是故意的，我不是傲慢，我也不是在摆架子。我不是他们眼中的那样。我不能成为真正的我，所以我越来越愤怒，但我要将这种愤怒深深掩藏起来。我感觉自己是在欺诈。

- 为了避免伤人的批评，我要采取自保手段。通过模仿，我成了真正的变色龙。我能展现出各种人格，而真正的我被束之高阁。冷漠可以掩盖我超级敏感的事实。这也不坏，因为再也没有东西可以撼动我了。我利用傲慢来重建我的尊严，我不需要别的东西和别的人。或者，我装成一个滑稽的小丑，因为主动让别人发笑总比被动地受他们嘲笑好。最糟的是，我开始服从别人的命令了，为了被爱，我臣服于他人的期待。我再也说不出"不"字。

● 我很痛苦，我痛苦于孤身一人、不被理解。我因无法展露真我而生气，但同时我又极度恐惧遭到抛弃……好了，现在我把自己所有的情绪都扔进一口大锅里，锅上的盖子叫焦虑。焦虑好像天生就是我性格的一部分，无法改变。

● 最后，因为真我不受欢迎，所以我会把他禁锢起来，交由我内心的暴君看守。这个暴君会一直提醒他：这个世界不欢迎你的到来。

● 同时，为了获得内心的安宁，我打造了一个玻璃橱窗，一个虚假的我立于门口，他不假思索地迎合别人的需求。其他人永远不知道真正的我是个怎样的人，这样就好了。

虚假自我机制就是这样被建立起来的。因为它的存在，多向思考者更感觉自己是在撒谎了。这个机制由一个分裂的、过度迁就的假我，以及一个被幽闭起来、被抛之脑后的真我所组成。跟孩子解释起来可能比较麻烦。所以我准备了一幅画，更容易看懂。

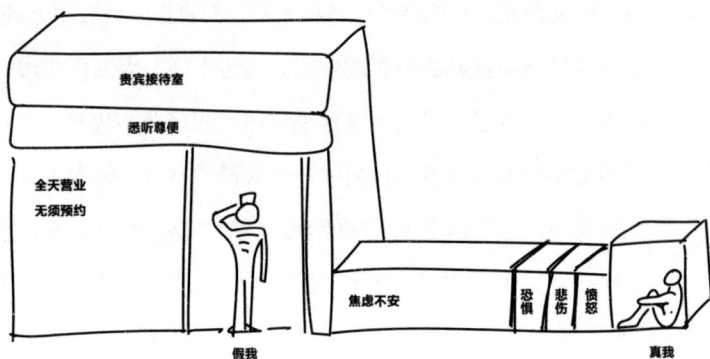

图 1

　　假我就类似于门童（一个比斯皮鲁^①还倒霉的门童），他殷勤地接待所有人，与此同时，真我则在监狱里受煎熬，他太可怜了。

　　假我机制让人陷入危险。表面装出来的"正常"与内心深处希望真我被爱、被认可的渴望之间有着很大的鸿沟。它成了一处破绽，让操控者们有机可乘。这个过于善良的假我长期唯唯诺诺，无法说"不要"或者"停下"。假我全身心地去满足他人需求，他不去关心自身的感受，否定自己的价值观、需求和渴望。由于压抑了愤怒情绪，所以他无法保护自己，因此也就会纵容有害关系的存在。一句话，你的虚假自我会吸引来各种自私的坏蛋。这一点在多向思考者还是孩子的时候就会表现出来。10% 的学生曾经被霸凌过。你猜猜是因为什么呢？在最后一章里，我将会详谈校园霸凌。

---

① 比利时经典冒险漫画《斯皮鲁和方大炯历险记》的主角，也是一个门童。——译者注

停止过度迁就

对别人的过度迁就直接导致了压力、焦虑和抑郁情绪。它造成的精力和时间损失简直不可估量，因为我们总在猜测其他人想要什么，想取悦他人。而且这是徒劳无益的，就算再殚精竭虑地去迎合他人，多向思考者也永远还是那只丑小鸭，遭人厌弃。过度迁就让多向思考者忘了自己的需求、欲望和重视的事物，甚至忘了他自己是谁。为了避免被孤立而努力适应，这绝不应该代表着否定自我。正是因为世人不认可差异，所以多向思考者才不得不采取这种生存手段。

要是多向思考者能把这些功夫全用在照顾好自己、理解自己和安静成长上就好了。想必长大以后，他们也会变成闪耀而快乐的人吧。这样一来，就算不花大量时间和金钱在诊疗上，他们照样也能获得解放。

不少多向思考者只能接受常规思维者递来的夸大（"你太……"）和扭曲（"你有某种障碍"）他们形象的小哈哈镜，从镜子里观察自己是谁。所以他们看到的自己是丑陋的、畸形的、片面的，而且像万花筒一样多变。我想为他们提供一面正常的全身镜。在这面镜子里，他们的形象不会被放大和扭曲，一切与现实完美吻合，那必然会减轻他们的痛苦。当你向孩子解释他们是多向思考者时，你也会发现，他们放松了下来。

一般而言，人们去做心理治疗是为了倾诉自己的痛苦，是为了得到自己不是疯子的确证，以及获得"成为你自己"的许可。如果治疗成功了，那么来访者将不再自我批评，他会让内心的暴君闭上嘴。他接纳了真我，他是不完美中的完美，因为他世间无二。他直面自己的恐惧，学会了保护自我，不再想着取悦所有人，开始说"我不要"，并接受自己会犯错的事实。这一切会形成良性循环，加强他的自尊。

作为多向思考者，你应该承认自己的不同，不必随波逐流，不要再在外界对自己的批评上加上自己对自己的批评。如果能早早认识自己，接纳自己，那么多向思考者在成年后就能避免所有心理问题：缺乏自信、缺乏自尊、多愁善感、抑郁……尤其是病态的过度迁就，这是引发多向思考者大部分烦恼的罪魁祸首。

避免让孩子陷入自我贬低的怪圈是能办得到的。孩子要做的第一步就是不去过分迎合他人。允许自己成为自己，放弃取悦别人并不是一件易事。如果没有成年人的帮助和认可，那么孩子很难成功。

但是一旦他做到了，那么他将会摆脱重负。小多向思考者需要家长陪在身边，来克服他对"让人失望"的恐惧心理。要由作为家长的你来重新赋予孩子所有权利，即成为他自己的权利、不追求获得他人认可的权利。

你需要对他说这些话："别人的失望跟你无关。我们不能仅仅因为他想就满足他。你这是在服从他。你不该遂别人的心意、助长他的气焰。你不可能被所有人喜欢。而且，取悦所有人就意味着你会迁就一些不值得你上心的人。某些时候，知道有些人不喜欢你反倒能叫你松口气。如果别人喜欢你是因为你温顺，那就不是喜欢，那只是在利用你。"

但也别忘了，法国心理学家雅克·萨洛梅（Jacques Salomé）曾说过："行为胜过雄辩。"在跟孩子说漂亮话之前，你身为家长，在人际交往中也该始终做到这一点，以此来向孩子证明你会拒绝、你敢于让周围的人失望，并且能够舍弃某些人的认可。

你要经常宽慰你的孩子——他不需要变完美也可以被爱。给他多举一些例子，比如《猫和老鼠》里的汤姆猫和杰瑞鼠，它们不完美，但我们也喜欢它们不是吗？树上的鸟儿会自顾自地唱歌，它们才不在乎人类喜不喜欢它们呢。天空、大海、树木、山岳、花朵……它们也不是生来完美，它们有的黑黢黢的，有的过于蜿蜒。你应该安慰孩子："让人失望没什么的。猫咪拒绝躺到你的膝盖上，你肯定会失望，但你不会因此就不爱它了。"

你也可以给孩子打个比方：真正的我就像一位被禁于地牢中的高贵骑士，或者一位被关在高塔里的长发公主。他／她受到了"要是你和我不一样，我就不喜欢你"的诅咒。要想逃出生天，那他／她必须通过三大关卡：对于自己被排斥的恐惧、因为自己不被理解而产生的悲伤、因为不能做自己而产生的愤怒。这挺难的。当高贵的骑士／公主走出囚室时，禁止他／她做自己的恶龙还会常来袭击他／她。如果骑士／公主已不再畏惧这些恶龙，那他／她就会发现：它们只是一些迷你龙，在噗噗地喷出一些超小的火球。随它们去吧，骑士／公主心里想："你们继续喷，我很清楚我自己是谁！"

当我意识到自己的价值所在时，我就不再需要别人来认可我了。我可以从自己内心寻求认同。多向思考者都应该学着关注自身。在开讲座的时候，我会花很多时间提醒大家："听从你心里的声音，问你自己怎么做是正确的。"同样的，你要常常问你的孩子"你心里怎么想的"，并认可他的答案。

相信自己的直觉需要勇气，多向思考者要放弃听命于自己的恐惧。另外，太早地发表正确观点也有坏处。尊重自己的感受，但不要执着于说服他人。也就是说，多向思考者要放弃讲道理，学会不发表意见。告诉你的孩子，成年人有时（或者说，经常）说些蠢话，不要去拆穿他们。

你可以给他讲讲发生在我孩子身上的故事。我儿子还在上小学一年级的时候，他的老师曾自信地告诉全班："5月1日没人上班，因为那天是劳动节。"我儿子很吃惊，反驳说："啊，真的吗？可我妈妈5月

1日就要工作。"他那句下意识的回嘴让老师在全班人面前就像个傻瓜。我们回家后因为这事笑了老半天。劳动节那天，在法国，航班确实不会起飞，火车不会运行，医院关门，消防员也去海滩度假了。但我儿子也为他的这句反驳付出了惨痛代价，第二年还是这个老师教他，老师看他很不顺眼。你要让孩子明白一个奇怪的道理——最恰如其分的评论往往也是最难听、最无礼的评论。孩子要接受和忍耐毫无逻辑的成年人，学会保持沉默。

多向思考者常常被当成自负、喜好卖弄的人。他们知道很多东西，也乐于展示这些知识，因为他们想和别人聊聊这个有意思的话题。他们没意识到自己异于常人，等他们发现别人不了解这个话题时已经太迟了，大家已经认为他们在掉书袋了。考出好成绩的时候，小多向思考者深信这是因为考题很简单。是的，对他们而言，题目确实不难。然而，他们的这种"假谦虚"会深深地刺痛其他同学。你要教孩子区分"假谦虚"（他人会这么感觉）和真正的谦逊之间的差异，帮助孩子明白到底发生了什么。真正的谦逊能让孩子在不自我贬低的同时避免打击到别人。

你可以给他讲讲以下这个例子。假设他有个朋友，跑步跑得很快，拿比赛冠军拿到手软。你的孩子怀着崇拜的心情去找他，跟他说："哇，你跑得可真快啊！"

然后问孩子他想听到下面哪种回答：

- "嘁，一点儿也不快，跟乌龟似的。"言下之意是其他人只能算蜗牛。（这就是"假谦虚"）
- "我今天不在状态，平时我能更快！"（吹嘘卖弄）

● "啊，谢谢你！我确实跑得很快，我很喜欢跑步，经常练习。"
（真正的谦逊）

这样一来，孩子就懂如何谦逊地回答问题了。获得别人的赞美时，他说"谢谢"就好，然后还可以加一句，说自己因为喜欢，所以常常做这方面的训练。这种回答会达到以下效果：

他的朋友说："你数学真好！"

孩子回答："啊，谢谢你，我很喜欢数学，所以我做了很多练习题！"

如果小多向思考者拿到了高分，那是因为他值得这个分数，不需要找其他借口。

身为家长，现在你应该明白了：你要放弃批评，你应该向孩子解释并鼓励他理解他身处的世界。亚马孙河流域的小印第安人要学习在城市生活的法则，光指责他是个印第安人无法给他带来任何帮助。作为家长，你也有保护孩子免受外界批评的职责。虽然孩子培养起自信后，这些批评会自然变少，但它们绝不会销声匿迹。当孩子身上多向思考者的特性招来外人批评时，你应该表明立场，勇敢地告诉对方："这孩子就是这样，他性格天生如此。他不是故意看不起人，也不是想当个刺头，他只是比别人更难掌握社交规则罢了。"你还可以补充说："我们全家正在努力教孩子适应这套规则，晚上回去我们还会再复盘今天这事。"对方肯定很高兴听到这个，虽然他看不懂你的处理方式，但你确实对他的意见表示了重视。如果看到孩子被别人的话刺痛了，你可以迅速地带他复习一下那个例子：在用纸筒看世界的人的眼里，用纸漏斗看世界的人难以理喻。或者，你也可以调皮地模仿一下喷小火球的迷你恶龙，并向孩子投去一个默契的眼神——你看，他又在"噗噗"！

尽管那些爱批评他人者总想让我们相信否定的言辞有利于我们进步，但这并非事实。善意、认可和鼓励是孩子茁壮成长的必备要素，每个孩子都是如此。可是，在现在的教育体系里，所有的孩子（无论是不是多向思考者）都缺乏鼓励。

而对于多向思考者而言，情况会更糟。除了比普通人更加敏感、招来了更多打压之外，这些孩子还受到了别的不公待遇。多向思考者在许多领域都表现得很活跃，很优秀。但是，就因为多向思考者和同龄的普通人不一样，所以人们总会强调多向思考者的缺点，阻碍他们在擅长的领域大放异彩。他已经会阅读和算数又如何？在班上的时候，他必须把这身能耐藏起来，直到其他孩子也达到同样的水平。他喜欢恐龙又如何？恐龙研究又不在课程大纲里。人们甚至常会禁止他说出正确答案。好笑的是，大人们反倒会揪着小多向思考者不会骑自行车这事不放，坚持说这很严重。

不过，你可以在家里开启一个鼓励和认可的良性循环，赞赏多向思考者特质的积极面。你不妨和孩子一起列出感觉异常灵敏、超联觉、强创造力等特点能给他所带来的好处。同时，你也要坚持教导孩子这个社会里的种种成规。在第十章里，我会告诉你一些具体做法。

请放心，一旦孩子获得"做自己"的许可并为此感到骄傲，他的大部分问题都会迎刃而解。之前，孩子神经紧绷，会突然暴怒，这是因为他的情绪就像一根橡皮筋，每个人都在拉扯它。而现在，他大起大落的情绪将会趋于平和。要知道，所有孩子（当然也包括多向思考者）都具备着强大的生命力和成长潜力，他们都满心期盼着过上美好生活。

Chapter VII

给孩子制定日常规则
—— 一张不容置疑的清单

　　每个家长都应该起到保护者和规划者的作用。孩子需要规矩和底线，成年人有时比孩子本人更清楚哪个对他更有益。成年人知道什么时候该据理力争，什么时候该就此打住。孩子年纪还小，他不该做大人才该做的事。在我的咨询生涯中，我帮助过很多参加了"倾听、援助和陪伴父母网络（REAAP）"活动[①]的家长。这些参与培训的家长很不容易。当孩子是多向思考者时，家长们更有必要接受训练，训练难度也更大。

成年人要尽职尽责

　　多向思考者的思维极度发散，因此，他们需要一套坚实的秩序来避免大脑彻底乱套。而超凡的孩子当然需要一套超凡的规则体系。有着复杂思维的多向思考者是没有底线意识的。所以，必须有一个足够善良但又不失坚定的人来控制、疏导孩子。如果成年人本身的心态被孩子所扰乱，那么换个角度，孩子也会感到不安："要是大人都控制不住我，那我能信任谁？我能依靠谁？谁能保护我，让我不被自己所伤害，不被

---

① "倾听、援助和陪伴父母网络（Réseau d'Écoute, d'Appui et d'Accompagnement des Parents）"由法国政府推动，旨在提升家长的教育能力，帮助家长履行教育职责。REAAP会组织培训、讲座、家长交流会等各项活动，专业人士也会指导家长与孩子进行沟通。——译者注

我这些乱糟糟的思绪所伤害？"想象一下，你此刻正独自在大海的怒涛中挣扎，你目光所及之处并无陆地，也没有漂浮的树干供你在风暴中栖身。你必然也会焦躁不安。我认为这是小多向思考者大部分焦虑的源头。他们缺乏参照物和支持，就这么迷失在复杂的思维海洋中。在工作中，我接触的大部分成年多向思考者都显得很恐慌，因为这些人没遇到过那个能牵制他们、能智慧地反驳他们的人。由于发现了成年人的无能，惶恐不安的孩子得出结论，那就是他只能靠他自己。所以他才"渴望掌控一切"。这是多向思考者的典型特征，即变成了完美主义者。反过来，当孩子确信自己被成年人所包容、控制时，他的焦虑心态会得到极大的改善。但这也不是轻而易举就能实现的。

一般而言，想要不被小多向思考者搞得心态崩溃，家长自己最好也是一位多向思考者。能更轻松地容纳一只漏斗的是另一只漏斗。如果你确实是多向思考者，那你首先要注意管好自己的大脑。要是你的思绪也和孩子一样乱，你就无法控制和引导孩子。

虽然常规思维者家长能够更加自信自如地给孩子定规矩，但他们同样会在树立自己的威信时遇到困难。多向思考者认为，在服从规矩之前，自己必须先确认规矩是合理的，是被某个他所尊敬的人以令人信服的口吻给出的。在职场里也是一样。这也让一些管理多向思考者的领导很为难。举个例子，如果你对一个常规思维的孩子说："跟我来！"那他就会乖乖地跟着你。此时，成年人就会说这个孩子"很配合"。如果换作是一个小多向思考者，他就不会动，然后问你："去哪里？"于是，成年人就会说这个孩子"叛逆"。但这种反叛是有意义的。多向思考者遵从一条命令的前提是理解它。所以小多向思考者会把你问到无言以对，他希望知道你发出命令是否有充分的理由，而他的疑问也往往会揭露你做事随心所欲、毫无逻辑的事实。在特定的时候，我们必须中止讨论。你要明确地告诉他，你是成年人而他只是小孩儿，每个人都要守好本分。

和小多向思考者在一起时，讲道理、抱怨、吼叫或者动手打人都行不通。发号施令和惩戒也没作用。要树立起家长的权威应该另辟蹊径。小多向思考者天生就会服从公正贤明的权威。那么，身为家长的你该怎么做呢？你应该做到说一不二、前后一致。确立规矩的时候，家长一定要动脑筋。你应该花时间仔细考虑自己想要采用哪种教育模式，树立哪些规则和界限，想传递给孩子何种价值观。当这套规矩内容明确、不自相抵牾时，你实施起来才会更轻松。如果这套规矩内容模糊、前后矛盾，你应该及时察觉。

你认同自己所定的规矩之后，一切都会变得简单起来。接下来要做的事就是用简洁的话语跟孩子宣布这套规矩，确保孩子遵守这些规矩，并时时重申它们。做到以上就可以了。

你应该列出一张孩子必须遵守、不容商量的清单：

- 要完成的任务：洗澡，睡觉，做作业，吃饭，收拾，做清洁；
- 行动准则：不准打人，不准伤害别人或者自残，不准说脏话，哪怕再怎么生气也不准摔东西；
- 必备素养：尊重大人，讲礼貌，尊重社会习俗（我们后面还会谈到），遵守法律。

一旦某事被列入了这张不容置疑的清单，你就绝不能有半点通融。你必须多加注意，你能否严格贯彻这些规则也反映了你是否能言出必行，孩子会试探你。

小多向思考者的所有行动并不是都能用神经非典型性来解释的，非典型儿童也可以有典型行为。和常规思维者一样，多向思考者也会试探别人的底线，看自己能毫不顾忌地走多远。孩子试探你是因为想先了解清楚底线在哪里，是为了能更放心地依赖你。所以你要放聪明些——孩子之所以试探你，是因为他需要这么做。高敏感孩子的情况是很复杂的。

作为家长，你要区分他发火到底是因为疲倦、感官过载，还是单纯的任性；要分清楚他们提问到底是出于本身那过剩的好奇心，还是因为他们想缠着大人，或者是想推迟上床睡觉的时间。的确，孩子寻求着意义，希望别人前后一致、可以信任。但你要记住，你才是家里的大人，最后还得是身为成年人的你说了算。解释某条规矩时几句话就够了，不必花上几个小时来阐述自己这么做的理由，或者和孩子不停地讨论。孩子很喜欢提出异议，他们热衷于说"对，但是……"。考虑到这一点，你可以限制孩子过度使用这个句式（比如从第四次开始，他每多说一次"对，但是……"就罚一块钱，这招很管用）。小多向思考者过于成熟，所以他们不乐意被当成小孩儿看待，想和成年人平起平坐。但这是不可能的，你做决定时无须获得他们批准。你也不必太苛求自己的逻辑无懈可击，毕竟矛盾是全人类的共性。没错，孩子是对不公正很敏感，但还轮不到他们来当法官。

要注意，不要让你和孩子的角色反转了。小多向思考者很有同理心，也很善于倾听，所以他们可能会狡猾地获取你的信任。别把孩子当成你的密友或者你的心理医生。在单亲家庭中，这种角色反转的概率会更大，因为身边没有别的成年人一起商量，所以单亲父母有陷入这种情形的风险。甚至在心理诊疗中，孩子也可能和心理医生交换角色，让后者相信他们。在我的工作室里，就有孩子抱怨过："和上一个心理医生相处的时候，我感觉是我在给他做心理咨询！"这些孩子还会问我各种问题，想探听我过得怎么样。面对这样的孩子时，成年人必须格外警惕，要有比常人更强大的内心。为了应对你的孩子，你必须把自己锻炼成这样。

不论你的孩子是感到迷茫、烦恼，还是单纯想找麻烦，家长的态度应该始终如一：友好但坚定。孩子遇到困难的时候，你先和他用几句话复盘事情的来龙去脉，一旦搞清楚问题的症结所在，你就要引导孩子直面现实："你是这样的，而世界是那样的，做你自己没问题，我会帮助你在成为自己与存活于世之间找到平衡。"如果他试图牵着你的鼻子走，你要让他知道，你把他操控大人的企图看得一清二楚，并且不吃这一套。小孩子聪明归聪明，但他无权左右成年人的行动。

明确地把指令说出来

最后，暗示孩子是起不了作用的。你必须把你希望他完成的指令一清二楚地给讲出来。

自闭症患者约瑟夫·乔瓦内克（Josef schovanec）[1]讲过一个故事：为了能一个人静静，他曾在某天躲到了花园的灌木丛里。他父母找了他一下午都没找到。他当然听见了父母在花园里喊他的名字，但他不明白

---

[1] 约瑟夫·乔瓦内克是一名法国自闭症患者，同时也是杰出的学者和作家。约瑟夫·乔瓦内克 6 岁以前都不会说话，在被欺侮中长大。他被诊断为自闭症，却展现出惊人的语言学习天赋，如今可以使用包括法文、捷克文、德文、芬兰文、英文、希伯来文、梵文、波斯文在内的多国语言，取得了哲学博士学位，并出版了著作讲述个人心路历程（见参考书目）。——译者注

别人喊他名字其实是在找他，也不知道自己听到呼唤时就该现身。当然，一般而言，孩子可能不会对潜台词无知到这种程度，但我们成年人表达诉求的方式有时确实过于迂回了。大人如果对孩子说"你可别把作业拖到最后才做"，这当然表达不出他们想要的"你现在就去做作业"的意思。

举个例子：小男孩儿帕维尔刚上小学一年级，他开心地发现新学校的走廊地面很光滑，很合他心意。所以他跑到走廊上"溜冰"，滑了很远很远。帕维尔乐在其中，最后被校长逮住了。校长怒目圆睁，大声朝他吼道："帕维尔，你看我会在走廊溜冰吗？"看到校长大发雷霆，帕维尔害怕了。他声音很小地回答："不。"但他其实没领会到校长实际想说的东西。我们可以看到，校长从头到尾都没有明确说过要禁止他溜冰，所以只能靠帕维尔来自主读取这层意思。理解言外之意是常规思维者的特长。而小多向思考者，甚至是成年多向思考者，很难做到。所以多向思考者更焦虑了：他们随时可能踩到别人雷区上。这也解释了为什么多向思考者很多时候会"犯傻"。他们不自在，感觉有哪里不对，但又不知道自己到底搞砸了什么。我梦想着有朝一日，常规思维者能花些工夫向多向思考者解释为什么他们做得不对，如果可以的话，我也希望常规思维者说话能不再拐弯抹角。上文里这个校长说得也太过于隐晦了，他本可以善意地告诉孩子："我知道你很喜欢溜冰，但是你要明白，在学校里是禁止这么做的，因为很危险。你可能之前还不知道，但现在你清楚了。希望你下次不要再犯。"帕维尔肯定马上就懂了。幸好帕维尔当时还能被吓住，你要知道，当校长说"帕维尔，你看我会在走廊溜冰吗"的时候，帕维尔完全可以乐呵呵地、不带任何恶意地回答："你也应该来试试，很好玩的！"

如何处理与权威之间的关系

不是的，小多向思考者如果看起来傲慢无礼，这并非他们本意。他们不是患有某种"唱反调障碍"。我们要明白，多向思考者不会给思考对象划分级别。所以他们对于"等级"这个概念不感冒，对所有人都一视同仁。

如果我们把思想比作从山上流下的小溪，那么常规思维者的思想溪流会渐渐侵蚀出一片河床。常人的潜在抑制会挑挑拣拣，在此过程中，他们的思维定式也会变得越来越明显。所以最后，常规思维者能领会到他人并未言明的期望，形成惯性思维。至于多向思考者的树状思想溪流，它不停地在分岔，并没有固定的流淌路线。所以多向思考者的想法经常出人意料，这也是他们的魅力和创造力所在。溪水会自动寻找流下山峦的最短路径。同样的道理，树状复杂思想会根据已掌握的信息不断寻求最有效的解决之道。在这个情况下，别人的指令对他们而言只能算作是诸多待选方案中的一个罢了。由于只在乎目标的达成，所以小多向思考者会忽略必须听从命令这一点。他按照自己的想法来，也就拥有了改变甚至优化游戏规则的强大力量，可是人们并没有要求他这么做。孩子为自己取得的成果感到骄傲满足，殊不知，自己其实挑战了定下这些规则的权威。由于并不知道常规思维有着固定的"河床"，小多向思考者不会想到要去跟随大多数人的步伐。大部队往一个方向行进，而他则走自己的小道，完全没意识到自己被边缘化了。

所以，多向思考者（尤其是小孩子们）表现得"傲慢无礼"并不是故意的。他们之后会成长得更聪明，聪明到足以玩弄规则，尽管如此，他们所展现出的傲慢大多仍是无意识的。在孩子们的一生中（包括他们未来的职业生涯），他们将必须和不同的成年人合作。这些成年人将以不同的方式传达信息（模糊程度有高有低），他们所奉行的价值观也或多或少地缺乏稳定性、连贯性。孩子们必须适应不同的交往者。为了帮他们做好准备，你应该跟他们说清楚这一点，并给他们科普一些社会潜规则——每个人的说话方式不一样，但无论如何，大部分成年人都希望你能听从他们的意思。有些人很在意别人是否尊重他的职阶和权威。小多向思考者要习惯将这点纳入考虑范围。你可以和他讲讲关于山峦溪流的隐喻。有时候，最重要的是完成任务（到达山脚），所以此时的多向思考者可以跟随自己的心意行事；而在另一些时候，最重要的是按照固定路线走，在这种情形下，多向思考者就该去找"河床"在哪里了。当然，为了让孩子们更听话，成年人自己首先应该做到言行一致、始终如一，释放自己的感召力并把命令清晰地表达出来。

为了调和孩子与权威之间的关系，你可以强调权威者在协调团队方面的作用。一个人走，可以走得更快；而一群人走，则可以走得更远，当然，前提是所有人配合无间。你可以举船长的例子，他的功能是协调水手们的行动，并保持航行的大方向不变。我个人最喜欢用交响乐团总指挥的例子。乐团里的每一个演奏者对如何演奏曲目都有自己的感悟和理解。有些人觉得演奏声音要更大，让曲子听起来更铿锵有力；有的认为应该演奏得更快，让曲风更欢乐活泼……如果每个人各行其是，那合奏出来的效果就会难听至极。想象一下，乐团彩排的时候，每隔三小节就有一个演奏者跳出来说总指挥对曲子的理解是不对的，大家各抒己见，现场就开始大辩论了。最后大家达成一致的可能性会很渺茫。所以，权威的存在是有好处的。所有演奏者都应该服从总指挥，由他来决定如何诠释这首乐曲，只有这样，大家才能在演出日奏出完美和谐的乐章。不论乐团规模大还是小，这条道理都是通用的。乐团里的所有演奏者都会有失望的时候（他们肯定常常如此）。他们可能对这场演出还很满意，下场演出就不开心了——指挥没有采纳他们的意见，这次的演奏风格并不合他们自己的心意。但是，只有大家都按照总指挥说的那样去做，演奏效果才会完美。这两件事到底哪个更重要呢？——固守你认定的正确选择，还是和别人一起办成更大的事？这时候，你那个爱唱反调的孩子又要出声质疑了："万一那个指挥是个傻瓜呢？"如果他是个傻瓜，那他会一直都是。这时，除非你自己能够当上总指挥，否则作为演奏者，你只有以下两个选择：要么你就离开这个乐团；要么就别去在意这个傻瓜指挥，你只需专注于和其他演奏者以及听众分享乐曲之美，哪怕演奏出的是你认为并不完美的音乐。

裁判的例子也很有说服力：在任何运动中，裁判下的结论都是不容置疑的，即使有时候裁决看起来并不公平。你也可以模仿裁判，在教育过程中给孩子发黄牌和红牌。

建立自尊

多亏了你所定下的坚实但又不失人性化的规则，你的孩子终于有安全感了。你对社会规则的"解码"也让他逐渐理解了这个奇怪的世界。你的威信帮助孩子建立起了自尊。自尊来源于对责任的承担：对自己的行动负责，弥补过失并改进自己的做法，学会努力和坚持，为自己已经走过的路和取得的成果感到骄傲。现在你一定明白了，如果我们否认小多向思考者与常人的差异，那么建立起孩子的自尊就是痴人说梦。孩子需要祝贺和鼓舞，但赞美也应该适度，且在恰当的时机给出：太多的赞美会破坏赞美的效果。我们对孩子说了太多次"你真棒"之后，他自己都不相信了。为了能让孩子们进步，我们有时也需要对他们的行为给出直接明了的反馈。比如，你不应该放任孩子喋喋不休地谈几个小时他自己感兴趣的话题。你应该告诉他，只有他自己对这个话题很感兴趣，别人听着只会觉得乏味。"高敏感"不代表孩子有一颗"玻璃心"。

　　一旦我们以明确和积极的方式向孩子们揭示了他们与常人的差异所在，他们的自信心就会逐步增强。而剩下要做的就是继续巩固这种信心。知道自己是谁，以自己真正的样子被接纳，并被一个坚实的、令人安心的和人性化的规则框架所保护，这些足以让孩子变得自信快乐起来。孩子那忧虑不安、追求完美、会突然暴怒以及不合群的个性会有很大改善。

规划时间和空间

　　对于所有小孩儿而言，时间管理都是个大难题，而在小多向思考者那里，问题就更大了。孩子会长时间泡在自己的各种思想和活动里，以至于忘记了时间流逝。所以我们很难让他们抓紧时间，"快点"的指令只会让他们更慢。你应该做好心理准备，预留出更多时间并紧密地关注孩子的动向：沉浸在自己复杂思维里的孩子可能会忘记眼下该穿鞋了。为了让他们提高做事的速度，同时增强活动的趣味性，你可以使用沙漏和计时器。我孩子还小的时候，我们家就有一个装饰挂钟，钟面是海上的帆船和正午的骄阳。这个钟面就是简单的参照物，可以帮我们估计时间："当最长的针指向太阳、水或是船头的时候，你就……"我们当时能用这个挂钟完成大概 15 分钟的活动计时。

　　不少小多向思考者需要一套日常流程。他们讨厌突发事件和意外事故。我建议你为孩子确立一份内容长期不变的日程表，这对成年多向思考者而言也适用。慢慢地，完成这套流程会变成自然而然的习惯，习惯比自律更高效。当完成任务成为自发行为时，孩子就不会再三踟蹰了。做任务不再耗费孩子的心神，他们不需要特殊动力刺激也能办完。让孩子养成收拾房间的习惯无疑是对他最有益的。当然，别忘了把写作业和洗澡也列入孩子的日程。

对于多向思考者而言，收拾房间和规划空间的用途十分重要。大家都有过一边破口大骂，一边满世界地找某把该死的螺丝刀的经历。我们都渴望能有个井井有条的房间，每把钥匙都按尺寸大小排好，放置在房间可见可取的地方。同样的道理，在开始做饭前，一个好厨子必然已经把所需的食材和工具都规规矩矩地集齐、摆好了。这样一来，他也就无须满手面粉地去拿橱柜里的某个碟子了，也不会在做菜做到一半时发现冰箱里没蛋了。在航空领域里，做事的步骤还要更周详些。我们甚至有起飞和降落的步骤清单。如果飞行员忘了打开飞机起落架这一项，那肯定要出事。严谨行事、条理分明让人感到心安，因为这样我们就不会忘掉或者遗失某个重要的东西了。明晰的规划让孩子感觉自己能够胜任各项工作，不会再觉得自己是在欺骗别人了：我们只需跟着固定的流程走即可。所以，你可以和孩子一起为上床睡觉、写作业和整理书包（放到前天晚上做，千万别留到第二天早上）等任务制作具体的步骤清单。

以上方法能帮助你和孩子简化生活。尤其别忘了，要让孩子拥有一个整洁有序的生活环境。

当一个小多向思考者发现自己的生活有条有理、规划得当时，他会放松下来。他会知道，大人一直在他身边，保护着他不被自己所伤害，头脑活跃的他正处于安全地带，可以放心地在这里撒欢和驰骋。

Chapter VIII

培养孩子的专注力和行动力
—— 安排复杂有趣的生活，
并及时关上思维闸门

　　我们形容小多向思考者时常用到的一个形容词是"不安"。这是一个忧心忡忡、惶惶不安的孩子。每个人都在给他支着儿，想帮他控制住这种焦虑感，大家好像已经默认了他的焦虑是天生就有、不可避免的。至于我，我更建议你尽力消除孩子焦虑感的源头。我真心希望，做一个多向思考者可以不再是孩子们感到心焦的理由。

　　在实践中，我发现，给孩子说明何为多向思考者能让他们的焦虑感大减。他们不是疯了，也不是孤身一人。明白这个以后，他们一下子就放松了。在我看来，一旦他们知道了自己的多向思考者身份，了解了来龙去脉，那孩子心里 80% 的焦虑都会不复存在。剩下那 20% 的焦虑有别的源头，我们现在就来探索一番。

无聊的深渊

　　你肯定还记得那群瑞士孩子对我说了什么——"在上课的时候，我无聊得想大叫。我真的无聊死了，所以不得不以睡觉的方式来摆脱这种无聊。"我们都开过漫长又"假大空"的会，比如全公寓业主大会之类的。所以我们知道这是种什么体验。我举这个例子的时候，来访者一下子就懂了。他们吃惊地瞪大了眼睛："孩子们有这么无聊吗？"当然不，因为他们还要更无聊些。想象一下，你一整天都在开业主大会，天天都去开，就是那种感觉，孩子们已经无聊到了这种程度。难道开会的你不想跟这些孩子一样大声吼出来吗？

在日常咨询中，我一天比一天更了解这种无聊给成年多向思考者带来的创伤有多大。这种无聊感从幼儿园大班开始萌芽，然后终生挥之不去。我认为多向思考者的很多问题都源于这种要命的无聊感——焦虑不安、无意义的反复思虑，以及抑郁情绪。如果石磨没有好谷子可磨，它也会无聊死的。因为它在空转，它消极度日，在滑向抑郁。很多时候，人们之所以拖延，其实也是在绝望地尝试着逃避无聊感。尤其是在面对无趣的任务时，人们往往会大拖特拖。大家都盼着在最后赶工的时候，自己能被逼出些工作的兴致。而至于那些上课无聊得发疯的中学生，他们就是单纯地不想动笔写作业。学生们发现作业和课堂一样无聊，他们无法忍受。

树状复杂思维渴望着复杂性。当多向思考者一心钻研难懂的、多样的材料且必须在信息之间建立新联系时，他会开心得不得了，他能从中获得一种精神层面的极乐。是的，当身为多向思考者的你埋头处理一件复杂事务时，你会体会到极致的喜悦。最近，法国电视台播放了一部纪录片，为观众介绍了一所天才儿童学校的内部运营情况。学校里设有哲学课，上课的孩子们都兴奋雀跃，精神高度集中。其中有一个激动的小女孩儿，开心得双眼闪闪发亮。她在尝试着表达自己的观点，说话都有些语无伦次了，因为她想说的东西实在太多了。那种思考带来的喜悦溢于言表。同时，小多向思考者也乐于把事情搞得复杂。他们会一直推迟，不想给出一个过于简单的答案。四加二等于多少？来，让我们先从一数到十，然后做个乘法，减去我们加多了的部分……这样一来，在回答"六"之前，孩子就可以先来场小小的头脑风暴。不少多向思考者在长大后会保留把简单事情复杂化的习惯，但这最终将会导致他们学业不顺。我们将在第十二章谈到如何避免这个问题。

无聊感产生自学校时期，然后会延续到职场上。公司越来越不要求职工思考，越来越倾向于采取标准化流程。能激发才智的工作太少了。除非他们的工作拥有创造性和自主性，否则多向思考者还是会继续感到无聊。这种糟蹋人才和智慧的行为真让人反感。

不知餍足的好奇心

小多向思考者身上最引人瞩目的一点就是他们那不知餍足的好奇心，以及他们对于意义的执着追逐。从小时候开始，铺天盖地的"为什么"就淹没了他们。这其中的部分原因是他们急切地想要弄懂未知世界。但他们对于意义的追寻已经超出了单纯的"了解日常事物"的范畴：小多向思考者知晓一切、理解一切，并且在所有信息之间建立起联系。他们把这个世界从头到脚想了个遍。大到星辰运行，小到蚂蚁分工，他们既渴望用显微镜去细看，也想用望远镜来观察。同样的，他们着迷于时间，从鸿蒙初开的年代（不论是宇宙大爆炸还是恐龙）到遥远未来（科幻小说、宇宙空间或者可持续发展话题）。因为他们有着不分轻重、照单全收的复杂大脑，所以他们对所有东西都同样地感兴趣，并能在种种信息间牵线搭桥。如此，也唯有如此，万事万物才能在他们眼中具备意义。每个想法在孩子的思考体系中都有一席之地，与其他信息相联结。当某个念头不停困扰孩子时，往往是因为它还未能和孩子的思考体系建立起充分的联系，还未能在大脑中安放下来。所以，导致他反复进行无意义思考的不仅仅是焦虑感，虽然找不到答案、不知道拿信息怎么办确实会反过来让他焦虑不安。某些人认为，孩子如果持续思考就会陷入无意义的纠结和忧虑之中。然而，根据我的实践经验，这个想法是错误的。各位说反了：当多向思考者的复杂大脑忙起来的时候，它就没空去纠结了。人们大多瞧不起小多向思考者的"特殊兴趣"。但我得告诉你，他们之所以全身心地投入某项心爱的活动，正是为了逃离富有攻击性或者无聊的环境。孩子们不放过任何问题，打破砂锅问到底，力求成为自己热爱领域的小小专家。为什么我们要看不起他们的才能呢？有时候人们误解了某些家长，觉得他们是想把孩子训练成书呆子——这孩子怎么可能天生就对数学等式感兴趣呢？家长肯定动用了什么手段。

说来奇怪，当孩子反复纠结、焦虑不已时，你反倒该给他一些有更多思考空间的东西，让他去更好地思考。你可以培养孩子的求知欲、理解欲、思考欲和创造欲。别担心，他的大脑不会超载。如果你能利用孩子感兴趣的话题恰当地激发他的脑力，满足他对复杂性的渴求，那么多向思考者永远也不会感到无聊。

但是，你需要关注几大要点。

这些小多向思考者创造力爆棚。他们的内心世界非常丰富热闹，他们神游天外，幻想出了一些朋友，冒出了一千个点子、一万种计划……但他们很少能坚持到底。他们积极地思考、做梦，但是各种创想都在半道上被遗弃了，拟订的计划也没能完成。孩子东看西看，蜻蜓点水，最后精力涣散。做事半途而废并不利于培养自尊。你要引导他们把思想转化成计划，再将计划落实，并拥有直面结果的勇气。这就是所谓的"持之以恒"。你可以引用史蒂夫·乔布斯的一句话："把一个伟大的想法转化成实物需要浩大的工程。最终结果和你一开始预想的肯定不一样，要学会妥协。"还要教他关上思维的闸门。你一开始应该认可他对知识的渴求："确实，什么都知道是件很酷的事！"然后你得回到现实，提醒他：

1. 你不可能做到。

今天，由于有太多触手可及的信息，我们已经应接不暇了。所以为了节约精力，我们必须对信息加以挑选。提供大量信息也是一种商业手段：消费者以为品牌们在讨好自己，但它们给出的选择是如此之让人眼花缭乱，以至于消费者们迷失其中，失去了比较和挑选的能力。所以，消费者面对的选择看似很多，实则有限。

2. 知道这么多没用。

我们随时随地都能获取信息。想要知道些什么的时候，在搜索引擎里敲几个字就可以了。电脑会给我们搜罗到全球范围内关于该主题的信息。所以，把信息全储存在脑子里没有必要。

知识来源于经验，除此之外的都只能称之为信息。

——[美]阿尔伯特·爱因斯坦

要教孩子区分海量而浅薄的信息和花时间研究、记忆并实践后得出的真知。如果你从来不滑雪，那你知道全世界所有滑雪站的名字有什么用呢？了解某几个近处的山峰，然后去这些山上滑你最爱的雪，难道不是更好的选择吗？

小多向思考者不太喜欢"放弃"这个词语。对他们而言，做选择等于埋葬其他选项。由于他们的脑子里有太多的选择，所以就要举行很多次"葬礼"。家长要常常提醒他们打住，别再去想其他可能性，要聚焦于已经选定的对象上。

如果你非要扮演"新华字典妈妈"或者"百科全书爸爸"的角色，去解答孩子的各种问题，那你很快就会累趴下。你不要觉得自己有必要解答他的全部疑惑，你不是一台答案自动贩卖机。请你勇敢地说："我不知道，毕竟我不是上帝。"你的孩子应该学着按捺住好奇心，然后慢慢地，去通过研究和阅读来满足自己的好奇心。社区里的图书馆可以成为你的好帮手（如果孩子能接受读完书之后要把书还回去的话！）。你还要敢于告诉孩子："现在还不是时候。"如果你们身处一个人满为患的等候大厅，其他人都向你们投来批评的眼光，我想，这确实不是向他解释"孩子从哪里来"的好时候。同理，上床睡觉的时候你也不便回答他"妈妈，宇宙是什么"之类的问题。有时候，他提问题的目的是加强与你的联系，甚至是为了能独占你。你可别上当了。真正的问题和为了缠着你不放而故意提出的问题，这二者区分起来其实很简单：如果他就是想缠着你，那他根本不会听你给出的回答，也不会继续深化这个话题，他提出的问题毫无关联、五花八门。此时，你需要中止问答，并戳破他行动的实质："你在提问，但你不想知道答案。"你要找到他此刻感到不安的缘由，并想办法让他平静下来。也许你只需要简单地问一句"你想要抱抱吗"，问题就迎刃而解了。

你会发现，当你和他解释过他多向思考者的身份以及他大脑的特殊运作原理后，孩子会发生明显的转变。他的好奇心会消停下来，他的完美主义会有所好转，他求知欲中所包含的强迫、痴迷的色彩也会更淡。孩子的焦虑感几乎会完全消失，剩下的只是求知的纯粹乐趣。

如何看待儿童冥想

冥想疗法近几年非常流行。人们将它视作帮助多向思考者镇定下来的良方。在某些人身上，冥想确实有效果。我也是受益者之一，但我每次冥想的时间很短，也不是天天都做。不过，在另一些人那里，冥想是完全行不通的。在我的辅导实践中，部分多向思考者曾向我表示，冥想给他们带来了明显的好处。然而其他多向思考者与他们正相反，他们受不了任何形式的冥想放松，原因很简单：他们冥想的时候感觉无聊得要死。我能够理解他们，毕竟要求一个已经倍感空虚的心灵去"放空"，这只会让它焦灼不安。冥想并非唯一的选择，做点运动、园艺，在大自然中漫步也能治愈身心。而且问题是，我们为什么会认为这个一开始适用于僧侣，可能只对一些成年人管用的方法同样也能够摆平孩子的问题呢？一些教学机构也在推行冥想疗法，但不是让老师们做（可能在他们身上会收效甚佳），而是让学生做。他们认为，孩子们压力大，所以会焦虑不安、精神不集中、过度紧张，而冥想是让学生内心重获平静、让他们重新专注起来的好法子。但推行冥想疗法也就意味着，这些本就已经被迫长时间保持静止的学生，还要表现得更加安静听话，要忍耐大人们强加的禁锢。大人们以为剂量加倍效果更佳。还有谁记得之前我说过的话吗？——孩子需要动、跳、叫和玩耍。如今，成年人是否留出了空间，供孩子们挥洒生命激情呢？总有一天，成年人将不得不面对孩子体重超标、缺乏锻炼、身心健康恶化的问题。冥想在孩子身上的功效也开始遭到质疑。有澳大利亚研究者指出，那些吹捧冥想的研究不靠谱。他们进行了试验，希望能客观地评价冥想法的疗效，最后的结果表明，冥想不但对小孩子没什么作用，甚至还反过来加剧了某些孩子（尤其是男孩子）的焦虑。也就是说，在一些青少年身上，冥想疗法不仅没效果，而且会带来副作用。研究发现，青少年更加忧虑、抑郁，患精神病的风险增高了。当务之急应该是尽快弄清楚冥想的具体影响，毕竟现在很多国家的人都是冥想法的狂热拥趸，尤其是英国——英国人想把冥想纳入学生必修课程中去。在伦敦，已经有超 6000 名孩子在校接受正念冥想课程了。

在我看来，为了让孩子能情绪稳定、上课集中精神，我们应该提供给孩子引人入胜的课程，给他们打造真正的生活空间，让他们能尽情宣泄，去跑、跳、爬、骑单车、游泳、跳舞和歌唱、大叫……就像地球上的其他哺乳动物幼崽一样。我觉得那些在体育协会里开展的、有条条框框的运动同样无法解决问题。有的孩子从小就开始在协会中接受训练了。在这种情况下，孩子又会感到无聊，因为他需要在旁边等着轮到自己上场，还要遵守教练员的指令。我认为，如果孩子能拥有一片任他宣泄情绪的自由天地，那么简单的放松措施，比如让他一个人看 15 分钟书，其实就足以让孩子冷静下来了。你的孩子是否每天都有充足的户外活动时间呢？

最后，你要记住，无聊感的另一个主要来源是情绪失控①。教导孩子如何解读、命名和体验自身的情绪是大人的职责。

---

① 参见第三章。

Chapter IX

尊重孩子对意义的寻求，但也要让他脚踏实地

—— 如果一头狮子的脚掌被刺穿

    多向思考者的求知欲和对意义的追寻已经不能被称为单纯的好奇心爆棚了。他们早早地就开始接触宏大的社会、生态、伦理和宗教哲学议题，和圣贤们思考着同样的问题，拥有高于常人的道德水平，秉持着人道主义和博爱精神。当我们试着以他们的方式看待世界时，我们甚至会为自己感到羞愧，因为这些孩子的人格是如此高尚，他们能感知到神圣的存在，敬畏生命与自然。小多向思考者天生所具备的灵性是人类古老精神传统的延续。孩子们相信万物有灵，在他们眼里，诸如物品、植物、石头等死物也是具有灵魂的，这种信仰与世界上历史最悠久、分布最广泛的萨满教信仰①很类似。

如何认识死亡

    所有的孩子都会在某一天发现：人是会死的。他们会因此噩梦连连，会想象父母去世的情景，然后开始追问关于死亡的问题。这种心理转变是成长的必经之路，一般在孩子 6 岁至 8 岁时发生。孩子将下意识地评估自己独立生存的能力："如果有一天爸爸妈妈死了，我能独立生

---

① 一种传播范围很广的民间宗教信仰，主要包括了万物有灵论、祖先崇拜和自然崇拜。——译者注

活吗？我能活下来吗？"因为他们知道自己还远远无法自立，这种心态上的转变会促使他们想快快长大。所以我们常说7岁是孩子"懂事的年纪"。

如果孩子是多向思考者，那他会更早地意识到死亡，并同时产生一些哲学思考。我曾经讲述过这样一则趣事——一个3岁的小女孩儿对邻居家60岁的奶奶说："我长大以后，我妈妈就和现在的你一样老了，而你已经去世了。"老奶奶的回答充满智慧："你已经完全明白了人生的真谛，我的小可爱。"故事中的这个3岁的孩子已经感知到了时间的流逝，也对生死轮回有了初步认识。

小多向思考者可能很早就会用一大堆关于死亡的问题来"轰炸"他们的家长了。你应该跟他开诚布公地谈论死亡，隐晦含糊、畏首畏尾的回答只会造成更多的恐慌。如果你自己也因死亡而不安，我建议你通过阅读一些探讨死亡的书籍[①]来抚慰心灵。平息你自己对于死亡的恐惧不仅对孩子有好处，对你本人也大有裨益。和孩子谈死亡时最好不要遮掩，你可以说："我对死亡也是一知半解……有些人觉得……另一些人觉得……而我的观念是……你也可以有自己的看法。"如果你有宗教信仰，你当然可以传授给孩子这方面的知识。不过，要想应付聪慧的"杠精"孩子，你最好还得是一位经验丰富的神学家。一个多向思考者曾告诉我："小时候上教理课，我只问了老师一个问题：'如果上帝就是爱，那他为什么会让自己的儿子耶稣被钉在十字架上呢？'然后我就被禁止上教理课了，直到现在我都还在等一个答案。"

你还需要提醒孩子：大部分人听到"死"字都会感觉不舒服和恐惧，

---

① 详见参考书目。

除非他们已经对这个问题有过深入的思考。说话要注意分对象，你不能在所有人面前都畅谈死亡。至于那些想在聚会上讨论某些议题的成年多向思考者，我想给各位同样的忠告。一般而言，聊安乐死、临终关怀、器官捐献这类与死相关的话题会很破坏气氛。

在《75 个成功建议》（ *75 conseils pour réussir* ）一书中，史蒂夫·乔布斯指出，人要正视死亡，如此才能避免我们懒惰地沉溺于当下。他说："死亡是生命最伟大的发明。它是一股巨大的推动力。死亡可以清除衰朽者，给年轻人腾位置。"年轻人听了这话肯定很高兴。

循着这个思考轨迹，你要帮助孩子以平和的心态看待死亡。当然，也要把握好尺度。伍迪·艾伦（ Woody Allen ）[①]有句话说得好："人只要知道自己会死，他就无法完全放轻松。"

不再胡思乱想

如果孩子觉得房间里有特殊的存在、老说他床下有可怕的东西时，其实是真是假本身已并不重要。如果想要帮助孩子摆脱这些想法的纠缠，你可以让孩子在心里想象一个金子打造的超级天梯或者电梯，然后让他告诉这些"灵异生物"："你要找的光在那边。"接下来，孩子可以想象这些妖魔鬼怪会顺着他的天梯升向光明。如果还有其他东西闹得他睡不着，你可以教他想象自己待在一个金色的保护泡泡（为了让它防护效果更佳，还可以给这个泡泡加上一层蓝色电镀膜）里，那些"鬼魂"都无法进来，它们被泡泡保护罩隔开了。此时，孩子再告诉它们："快去爬天梯吧！"孩子们都很喜欢具体形象，所以这个方法效果很好。

[①] 美国著名电影导演。——译者注

从追求完美到追求卓越

除了无聊感和对于意义的追寻，完美主义是孩子不安感的另一个源头。我认为，他人的不理解是导致孩子产生完美主义的一个重要原因。由于到处受人排挤，孩子可能觉得自己不能适应，并且告诉自己："有一天我变完美了，他们就不会批评我了，他们就会喜欢我了。"你给他解释多向思考者这个概念以后，这种想要变得完美的迫切心态会逐渐得到改善。但他们还是会显得很苛刻，尤其是对于自己。世界上有很多赫赫有名的完美主义者，比如史蒂夫·乔布斯、米开朗琪罗。执着于细节可以是一个优点，然而执着过头了就不好了。是时候和你的小天才聊一聊"卓越"和"完美"之间的差别了。这将帮助他节约时间和精力，让他终身受益！一幅小小的图画胜过宏篇大论。我在接待来访者时会画这样一幅画：

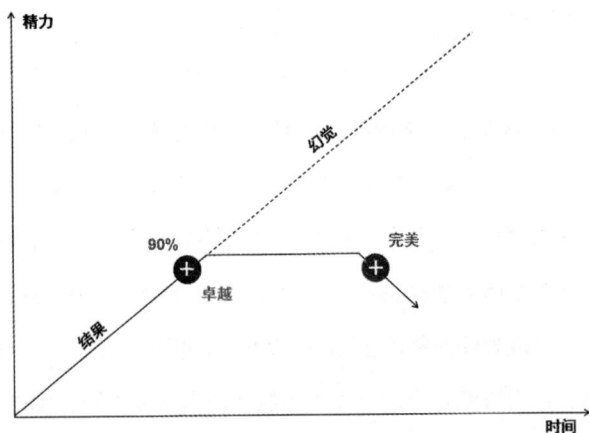

图 2

虽然完美主义者们会提醒我说，从数学原理的角度看，这张图大错特错。但它完美地表达了我想说的：当我们做某件事的时候，我们要付出时间和精力（体力、脑力，或者两者兼有）。伴随着时间和精力的投入，会有结果产出。在到达临界点之前，我们投入的时间和精力越多，那么收获的结果就越好。而完美主义者有一种幻觉，好像我们总能做得越来越好，直至完美。其实他搞错了，过了某个节点之后，事情会开始恶化。我们开始做无用功了：我们所做的不仅不会为成果增添任何价值，如果一再坚持下去，那我们最后可能会彻底毁了成果。油漆涂得太厚就干不了，读一个东西太多次脑子就会乱套。从某一刻起，我们的努力成了一种徒然，如果能在这一刻来临前打住，你就实现了完美和卓越之间的区分。你应该瞄准 90% 而不是 100%。如果瞄准 90%，那我们就是在合理利用时间和能量。史蒂夫·乔布斯热衷于挑战极限、创造非凡。但他这样做也让同伴们压力很大，而且给苹果公司造成过巨大的财产和时间损失。史蒂夫·乔布斯曾想把整座工厂都漆成蓝色，结果却让精密的微处理器进了灰尘，受损严重。说真的，给计算机里面的螺丝钉涂上金色又有什么作用呢[①]？如果史蒂夫·乔布斯看过这幅小插画，他的压力会不会小一些，要求会不会就不那么高了呢？

完美主义者被困在一种非此即彼的思维里：要么成功要么失败，要么获得一切要么满盘皆输，要么始终要么绝不，要么现在要么永不，要么一个人要么所有人，等等。要重新衡量，做出区分，静心等待。你说，有没有这样一种可能：就算成果有瑕疵，但它依然很成功。我们还会进步，我们有时不时犯个错的权利。从 0 到 10，给你的工作打分（不许打 0 分和 10 分）的话，你会打几分？

完美主义带来了另一个麻烦：世界上根本没有完美的东西，而与其面对一个不完美的结果，完美主义者更愿意放弃。完美主义和对无聊的

[①] 史蒂夫·乔布斯曾经计划给工厂外观和内部设施刷上各种鲜艳色彩。——译者注

恐惧结合在一起就导致了拖延症。害怕失败，最后会导致完全的停转。完美主义者反复纠结，幻想出了一个完美世界，但它根本不存在。与其在脑海里幻想一个豪华的奶油蛋糕塔，不如实打实地吃一个巧克力泡芙。做人还是脚踏实地更好。

追求卓越完全没问题，但是为了实现卓越，人必须放弃理想主义，现实一点。比起天赋和机遇，勤奋和意志更重要。你仍然应该重视成果的质量，因为走出完美主义倒也不代表草草了事、糊弄交差。为了把完美主义转变为追求卓越，我们还需要更多的耐心、忍耐力和毅力。要承认失败的重要性。你知道吗？小宝宝们就很喜欢失败。一旦结果不符合他们的预期，他们就会很疑惑，也很渴望知道为什么，意外事件常常会逗得他们咯咯笑。就连猴子身上也保留着这种优秀的品质，为什么我们却丧失了呢？

如果你是一个过于苛求自己的人，那你应该学着别把失败想得那么恐怖：人就是在不断重复（多向思考者厌恶这个！）以及尝试/失败的过程中成长的。不要害怕输，尽快弄懂出错的原因就可以了。为了走出完美主义，多向思考者应该降低预期并肯定自己的成就，即使它们可能并没有达到最初期待的高度。在孩子调整对自己的预期的过程中，你需要用无条件的爱来支持他。你可以给他举些例子：我们会因为这棵树长得笔直才去爱它吗？一只猫需要变得完美才会被喜欢吗？

伊德里斯·阿贝尔坎（Idriss Aberkane）认为每次失败都是一张文凭。把失败的后果过度夸大会让人感到无力，因此人们不愿迈出尝试的第一步。然而人们似乎忘了，新事物并不出于次次成功的全班第一名之手，因为他太过驯顺，所以难以出新。你想想，硅谷的口号："常常失败，早点失败，次次失败。"

我之所以在这里讨论完美主义，是因为小多向思考者身上的完美主义大都来自一种灵性层面的傲气。他们渴求完美，因为他们有一套极端的价值体系。孩子难以承认自己是个凡人，我们需要让他们重拾谦卑，认识到自己是人而非神。

培养恒心和毅力

小多向思考者学习速度极快，但是一碰到困难他们就退缩，变得灰心丧气。和往常一样，他们把简单的事情想复杂了。他们害怕继续做下去会发现自己其实是个笨蛋。极度厌憎无聊的他们会逃避所有乏味的事务，这也为他们的半途而废提供了一个蹩脚的理由。

我们要告诉他们，学习是一步一步来的。一开始学得很快，但慢慢地，当我们接触到了核心内容，学习就会变得枯燥无聊。不过，一旦突破了这个节点，我们就会发现其中的无限乐趣，然后到了下一个节点，我们会再次陷入停滞。举个学习外语的例子，当我们学会第一批单词，可以说出几个句子，开始听懂对话里的只言片语时，我们可能觉得很来劲儿。但是，学到某个程度后，如果我们不继续了解语法和拼写，那我们就会感到学习受限，无法再继续精进了。语法和拼写不好玩，但它们是语言的骨架，只有学懂了它们，你才能灵活地掌握语言。不论学习哪个科目，我们都要打好基础：学音乐需要你有乐理基础，做运动需要你锻炼肌肉和身体柔韧性，学其他舞蹈之前你要有芭蕾舞基础，甚至学高级烹饪也要有扎实功底。

冠军和其他人的区别就在于，冠军能接受这种约束。我认识一个空手道老师，他这样跟他的学生们讲："一个人练了十次这个动作，那他就有十次的经验；练一百次，就有一百次的经验；练一万次，就有一万次的经验。"

我们越是能接受学习的枯燥一面，就越能进步得快且进步很大。这就是所谓的耐心和毅力。

极端的价值体系

现在我想来谈谈孩子灵性中的最后一个方面，那就是他们极端的价值体系。他们极度看重坦率、友谊、正义和尊敬。

我在个人咨询中碰到的大多数成年多向思考者都被禁锢在了这种绝对的价值体系里，他们没能遇到某个肯花工夫（或者有能力）为他们解释一二的人。由于没有与他们思维复杂程度旗鼓相当的异议者出来反驳，所以多向思考者把握不了分寸，无法合理地看待他们的价值和信仰。这套价值体系导致了他们的不安和不幸，让他们被人视作天真的傻瓜。

为了撼动这种非此即彼的价值体系，我们要带孩子重新审视这些价值，寻找反例，把它们推演到极端甚至荒谬的情形，然后明确不同事务的优先级。比方说，做善良的人和保命，哪个更重要？你要跟孩子谈谈他们极端思维模式的利弊。

这也将倒逼你去反思和丰富你的思考角度。在和孩子一起探讨时，你要带着挑衅精神，以非常达观的态度去思考，最重要的是别把事情夸大了。孩子们把人生看得太重了，生活应该多一点洒脱和轻盈，这种态度对身为大人的你也有好处。你的孩子会爱上讨论和思考此类问题的。但你也要做好准备，可能你讲着讲着就会被提出合理怀疑的孩子给打断。在这个不完美的世界上，事情并不如他们设想的那般简单。

举个例子：人不是神，人有弱点。他们有恐惧的东西（所以会存在防御机制），承受着痛苦（所以有时会失态），有他们所重视的东西（就像孩子自己也有一样），有小气狭隘的时候，有自大和自相矛盾（一般自己意识不到）的一面。所以我们要懂得让步，如果一头狮子的脚掌被一根刺扎穿了，那它在人走近时发出愤怒咆哮声就是一件无可厚非的事情。叽哩咕与女巫的故事就是一个绝佳的例证[①]。

以下是几个可以探讨的话题。我的一些话里可能含有挑衅意味，但这是为了能点醒孩子们。

撒谎。 从 8 岁起，孩子就该开始掌握撒谎技巧了。这是人类必不可少的交际技能。人要学会闭嘴，可以用留白的方式来掩盖真相，同时也要善用脱身妙计，熟悉交际手腕并学会编故事。如果因为一些微不足道的小事而生气或者惹别人生气，那可就太蠢了！你可以教孩子把意图和行动分开来看。撒谎的初衷可能是好的。那么，为什么撒谎呢？是为了不让人受伤，为了避免无聊，为了自我保护、保全自己内心的"秘密花园"，为了制造惊喜，等等。举个例子，与其当面说你一点也不喜欢对方的发型或者他穿的毛衣，你可以通过说"很适合你"来避免争端。虚伪和圆滑之间的差别就在于说谎话的初衷不同。多向思考者们，不论年纪大小，都太坦率直白了。他们应该打造自己的秘密花园，维护自己的内心世界。学会闭嘴，不要有话直说，心里想的什么别全都抖出来。

善良。 这是一种为人类社会所呼唤的宝贵品质。善意是属于人类集体的恒久智慧。然而现在，很多蠢蛋以为善意就是软弱、愚蠢和不成熟。所以我们应该在释放善意时加以区分，不要随随便便就给别人签支票。我的善良能够得到他人公允的评价吗？从何时起，这种善意会转变

---

① 米歇尔·欧斯洛（Michel Ocelot）导演于 1998 年制作的一部法国动画片，中文版译名为《叽哩咕历险记》/《叽哩咕与女巫》。叽哩咕是故事主角，女巫是让所有人物惧怕的反派。但女巫也有苦衷，有人在她的脊椎骨上扎入了一根毒刺，所以她待人凶恶。叽哩咕最后解救了女巫并与她结为了夫妻。——译者注

为愚蠢、妥协和怯懦呢？此人是否值得我善良待他？那些自认为精神境界很高的人可能会宣称世界上没有邪恶和坏蛋。然而，对于受害者而言，这种浮于表面的圣人情怀是不公平且带有伤害性的。成年人需要告诫孩子：世上并不是只有好人，某些人就是居心叵测。

个人主义。很多人抱怨现在的个人主义风潮。然而，个人主义也有积极的一面：如果我能照顾好自己、解决好自身的问题，那么我就不用麻烦别人了。我需要澄清一下，照顾好自己可不仅仅指洗个澡或者去享受按摩。好好照顾自己首先意味着你要勇于面对种种问题：管好你自己、做好预算、偿还旧账、学着拒绝、打理好住处、结交益友、换份工作、重拾学业（也许）……如果我们能让每个人都对自己的身心健康和自身情绪负起责任，那么个人主义甚至会变成一种优点，因为所有人都过得更好了，大家的心理状态相应地也能得到改善。那么，与其忘我地去关心别人遇到了什么麻烦，不如先照顾好自己，再以极佳的状态去帮助他人，不是更好吗？所以，个人主义里面其实也包含了利他主义，你觉得呢？

金钱。在美国文化的影响下，是否有钱对人心态的影响越来越大。为了挣得几两碎银，人要像史高治①那样贪婪冷血才行。有钱是坏事，但是没钱的人又会被看成和唐老鸭一样又蠢又懒，这也不妙。做人真是难。我很喜欢尤瓦尔·诺亚·赫拉利（Yuval Noah Harari）在《人类简史》（Sapiens）一书中表达的中肯观点。他认为，货币系统是有史以来最有效、应用最广的双向信任体系。钱帮助人类避免了麻烦的以物易物，克服了物品交换比例不定的问题。四处溜达时，兜里有几个金币总比提着

---

① 迪斯尼公司创作的经典漫画角色之一，唐老鸭的舅舅，有钱但是极度抠门。——译者注

几筐苹果、几罐油或者赶着一群羊要好。毕竟我们不知道多少筐苹果才能换一只羊。使用钱币也方便我们快速对不同商品的价值做出比较。

赫拉利这样总结道：

金钱制度有两大原则：

1. 万物可换：钱就像是炼金术，可以让你把土地转为手下的忠诚，把正义转为健康，把暴力转为知识。

2. 万众相信：有了金钱作为媒介，任何两个人都能合作开展各种计划①。

与其对钱嗤之以鼻，我们应该把钱看成一种昂贵的原材料。金钱是一种工具，而非我们所追求的目的——像史高治那样在金币池子里泡澡的人，是彻头彻尾的傻瓜。在做心理辅导的时候，我会对来访者说，钱是一种中性的能量，它的流通也象征着我们生命能量的流转。你的能量被投入到哪里去啦？你在何处浪费了你的能量？可能是谁偷走了你的能量？总之，每个成年人都应该学会赚钱并智慧地管理财富。要小心你家小多向思考者的绝对利他主义倾向。他的任何付出都应该有回报。天下没有免费的午餐，总有人要付出代价，如果价格不够高，那就是在压榨生产者；如果什么东西看起来是免费的，那你其实已经掉入了陷阱。

不公正。小多向思考者总能感受到一种强烈的不公正感。一旦察觉到不公正的存在，爱好和平、不愿发怒的他们就会突然变得非常暴躁。目睹不公正对于小多向思考者而言是一种折磨。我们如何在讨论"不公

---

① 引用自中信出版社 2014 年出版的《人类简史》（林俊宏译）中文译本。——译者注

正"这个话题时避免打击他们对正义的信念呢？不公正的事自古以来就有。然而有时，我们认定的不公正可能是一种假象。有些人太会发牢骚了，导致人们都觉得他们比别人苦命很多，但这并不一定是真的，因为某人觉得不公平的事情在另一个人眼里看来可能再寻常不过了（比如升职事件）。我们可能不了解事情原委和全部细节，所以无法还原事情的本来面貌。打个比方，某个人说他房东很坏，但事实是，拒绝交房租的他自己也算不上是一个受害者。

根据所站位置的不同，我们会对同一个问题产生不同的看法。你可以举街上堵车的例子。站在底楼看，我们看到有三辆车被第一辆车堵住了，所以可能错都在第一辆红车身上；然而一旦我们爬上四楼，我们就能看到大街拐角处，有一辆送货的卡车，是它堵住了红车；如果我们再用一架无人机来观察全市，我们就能知道整体交通情况以及在何时何处最容易发生拥堵。所以说，比起一味指责红车司机，我们不妨采取城市规划工程师的视角，高屋建瓴地看待问题。世界上的其他问题也是同理，只有借助宏观举措，国际问题才能得到解决。但是，就像之前那则故事里的蜂鸟一样，每个人都能尽一份绵薄之力。

尊重孩子对意义的寻求，但也要让他脚踏实地

对于真相、真诚和善意的极度渴求以及对撒谎、虚伪的恐惧，在小多向思考者身上体现得淋漓尽致，特别是当他们不清楚事情原委的时候。来自大人的解释可以帮助他们厘清问题。我发现，经过成年人的教导，不少小多向思考者已经能够对不完美的、逻辑不严密的人宽容以待了。

完美主义和对不公正之事的敏感也是他们精神追求的一部分。你应该帮助他们保持平和的心态，不要小题大做。人类有坏的一面，但也

有好的一面。有些人折磨动物、杀生，但还有一些人甘愿冒极大的危险去拯救这些生命。世界上存在着火药，有人在打猎和战争中用到它，而有人用它来进行绚丽的烟火表演。好与坏永远共生于世间，也许一方的存在是为了让我们更好地欣赏另一方。

法国歌手约翰尼·阿利代（Johnny Hallydoy）的单曲《渴望》（L'envie）就表达了这种双重性：

> 愿我被怨恨，以求我能欣赏爱意；愿我收获孤独，以让我能热爱世人；为了让我能沉醉于静默，希望有人长篇大论；为了让我能敬重钱财，请让我触及贫穷；为了能安于康健之躯，请让我与病魔抗争；愿我拥有黑夜，以让我恋慕白昼；愿我享受白昼，以让我钟情黑夜；为了能让我爱惜当下，请让我忘却永恒……

人类是被囚禁于肉体之船的天使。虽然感觉异常灵敏的多向思考者每天起码会被自己的所见所闻打击 10 次，但他们也能学会利用自己的灵敏感觉去享受生活积极的一面，比如观赏正在绽放的玫瑰花蕾，倾听德米特里·肖斯塔科维奇（Dimitri Chostakovitch）的第二钢琴协奏曲①。被囚禁于肉体之船也能成为一桩乐事。

---

① 乐曲的行板部分，动听至极。

Chapter X

帮孩子理解社会
—— 解释约定俗成的规则背后的意义

　　人是群居动物，不能独活。要是没人送饭，那么那些隐居修士也不可能在自己的洞府中冥想一整天。人类都是相互依存的，人不可能独自获得幸福。建立社会关系是人类福祉的第一要素。我们都渴望被别人所重视，哪怕只有一个人也足够。触摸、爱抚、微笑和赞美是最好的疗伤药，只要相处时多一点友善，那么长此以往，我们的生活里就能多一些阳光。然而，建立联系也并不是随随便便就能办到的，尤其是在每个人的思维模式完全不同的时候。常规思维者和多向思考者对人际交往的需求不同，他们建立社交纽带的办法也有差别。两类人群都拥有各自的社会规则和价值观。举个例子，多向思考者认可绿色生活方式和神经多样性，相信人的多样性会因差异的存在而繁荣。多向思考者觉得大家都应该不求回报地给予，他们自己这么做的时候并不知道其他人在利用他们。反过来，常规思维者认为和谐源于共识和节制，所以，应该是个人去适应社会，而不是让社会四分五裂以迎合个体。如果你想要融入社会，那你就得加把劲迎合大多数了。如果你遵守社会规则，那就可以一帆风顺。当然，你还需要熟谙社会潜规则。而多向思考者是完全搞不懂这些的。

　　由于不知道怎么去迎合社会，成年多向思考者被很多人批评、排挤。而就算他们已经尝试着去服从常规思维者的规则了，情况也并未好转。他们没感觉自己和周围人的联系加强了，参加聚会时的他们兴味索然，在工作中也难以和其他人配合。小多向思考者的情况是一样的。即使没有被其他同学排挤，他们也很难和别人玩到一起。有孩子告诉我说："我的朋友们都痴迷于足球。他们对各位球员和比赛都了如指掌，还收集足球主题贴纸。但我对足球没有兴趣，休息时间里他们只聊足球，我很难过。"女孩子也不例外。普通女孩儿畅聊演员、歌手、电视连续剧或者时尚，而身为多向思考者的小女孩儿只会感到难受（这里不涉及性别刻板印象，我只是在陈述校园里的真实情况）。中学时期结束以前，女孩子和男孩子都玩不到一起，因为此时孩子们各自的兴趣范围还太狭隘。为了安慰不喜欢足球的小男孩儿汤姆，我说："统计表明，你们班上应该有三个多向思考者。你可以把另外两个找出来，这样你就能多和他们相处啦。"汤姆沮丧地回答我说："我认识另外两个人，但她们是女孩子！"有些孩子直言他们班上的同学都是无趣的傻瓜。你想想我提到的洛伊克家里那个伤心的孩子——"听到这段话，我儿子的眼泪止不住地往下掉。和我提到他同学时，他这样说道：'为什么这些笨蛋能交到朋友，而我却不能？'"

身处这个常人占大多数的世界中，多向思考者是多么孤独、沮丧，我常常有所体会。就算身处人群中间，他们也还是孑然一人、不被理解。当他们尝试着融入社会时，他们万分小心，但却免不了犯错，他们感到尴尬和羞耻，但又不知道该怪谁。我曾经组织了一场培训活动，目的是帮助参与者肯定自我，在培训中，我深切地感受到了大家的寂寞和痛苦。和以往一样，所有参与者都是多向思考者，其中大部分都是成年人，除了 14 岁的玛侬和 15 岁的朱莉，她俩在各自母亲的陪伴下前来。两位妈妈都希望孩子能学会拒绝别人。培训活动结束，每个人轮流发言。就像洛伊克的儿子那样，玛侬在发言的时候号啕大哭。这是她第一次碰到一群和她"这么像"的人，她成了一个团体的一分子，而且在这里，她收获的都是善意和接纳。团体里的人们将她包围，给她安慰。是的，亲爱的孩子，和你一样的人是存在的，和他们待在一起你会更轻松，没早点遇到他们实在是太遗憾了。

先理解，再融入

然而，不幸的是，你还是得让你的孩子面对现实。常规思维者始终是人群中的大多数：他们占总人口的 80%，甚至 85%。他们认为个人应该迎合社会。为了能融入他们，多向思考者需要理解他们的逻辑。

常规思维者重视维护群体的团结，这当然也很难。为了团结，他们做出了很多退让、妥协。他们小心地避开可能引起争端、让团体分崩离析的因素，尤其是那些容易激怒对方的谈话（因为主题太容易牵动人的情绪），或者私密的讨论（可能会让两个人走得过于近了）。常规思维者那些空泛的谈话、例行的活动、表面的共识，其实都彰显了他们为人处世的智慧，其目标是不惜一切代价地维系团结。常规思维者会直接要求多向思考者别惹是生非，不要做毫无意义的挑衅。

多向思考者追寻真理和真诚的尝试有时会竹篮打水一场空，因为人类天生就不完美、多种多样、难以自洽。发现他人的问题轻而易举，指出他人的问题则让你得不偿失，因为这是一种侮辱行为，它将招来仇恨，让你不受待见。哪怕你坚持不懈地把所有问题都指出来了也无济于事，这样只会让大家感到厌倦。生活里充满了问题，你解决了一个之后马上会发现另一个，无穷无尽。所以，冷静下来。你最好和这些问题共存而不是指指点点。这种看待事物的方式也蕴含着某种做人的道理。

期盼能坦诚相待、说点心里话的多向思考者会让常规思维者感到不适，因为后者不需要这种程度的亲密。总之，常规思维者不认为改变是件好事。他们在现在的世界里顺风顺水，不希望有变故发生。

为了能跟小多向思考者解释清楚，你自己必须率先识别这些不成文的规矩（一方不挑明、另一方不懂的规矩），并领会其中的含义。

理解社会潜规则

成年多向思考者和孩子们面对着同样的问题：极度敏感、多愁善感、感觉系统过于灵敏……成年人自己该如何平静下来呢？当他们自己也不总是能弄懂社会潜规则时，成年人又该怎么教导孩子这些知识呢？对于意义的执着，阻碍着多向思考者理解社会规则。不少多向思考者会因为别人跟他们打招呼时心不在焉而生气，会因为别人嘴上问"近来如何"实际根本没听他们的回答而不高兴，会因为大家关系好像很好但有事又不当面说而耿耿于怀。有时候我会想，既然家长自己都在反抗社会规则，那么小孩子自然也难以学会守规。现在，还是让我们回顾一下基础知识：玩多人游戏的时候我们要制定共同规则，哪怕这些规则没有道理可言。为什么踢足球的时候不允许用手摸球？为什么网球只能落地弹一次？为什么玩小马游戏①要掷出双六？为什么玩勃洛特②的时候要选定一个纸牌主花色？——因为只有这样我们才能一起玩下去，就这么简单。

集体生活的道理是一样的。社会规则有缺陷，但它让人们能够共

---

① 一种法国桌游。每位玩家需要掷骰子，通过点数确定自己小马棋子的前进步数，先抵终点者胜出。——译者注

② 一种纸牌游戏。——译者注

同生活。现如今，我们不敢再言及"礼节"，怕被当成什么保守的老古董。然而，正是礼节的缺失导致了不文明现象的泛滥。既然多向思考者渴求意义，那你可以为孩子介绍以下四种主要礼节的意义：

你好 / 再见：说"你好"和"再见"，是在承认对方的在场或者不在场。这证明我们很重视某人，把他当成人来看待。如果我们不遵守这种礼节，只在需要他们帮忙的时候才跟他们说话，那就是把人给贬低成了一件物品。所以，说"你好"的真正意思不是祝对方度过美好的一天，而只是单纯地告诉他："你在我眼中是一个人，我没有把你当摆设。"

请 / 谢谢：这两句至关重要。它们能让我们明白什么是我们应得的、什么是他人施恩，让我们知道接受和夺取、请求和苛求之间的差别。如果一个人懂得了请求别人并表达感谢，那就说明他明白了天上是不可能掉馅儿饼的。然而，很多人学不会如何礼貌地提出请求，仍然沉溺在自己有求必应的幼稚幻想之中。他们瞧不起别人赠予之物，认为其一文不值，所以总是感到失落和不满。

可以打扰一下你吗 / 我能进来吗：世界上存在着三种空间——我的私人空间、别人的私人空间、公共空间。这些空间都存在于心理和现实两个层面，具体如图3所示。我们有时需要与人交流，有时需要独处；我们偶尔也想要朋友的陪伴，但很快又会觉得别人是在入侵自己的地盘。礼节性用语"可以打扰一下你吗 / 我能进来吗"可以助我们识别出不同空间，把控自身和他者之间的距离，从而保证我们在与人共处时免遭侵犯。

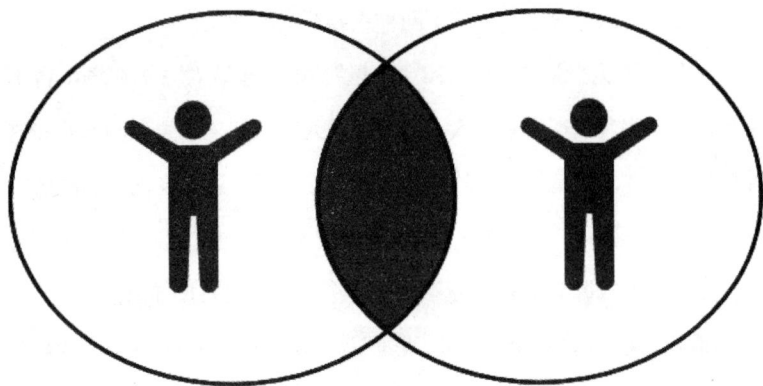

图 3

所谓沟通，其实就是与他人共享自己世界的一角。

对不起 / 不好意思: 在日常用语中，"对不起"的重要性毋庸置疑。它意味着：

- 我承认给他人带来损失的事实（承认事情已经发生且造成了影响）。
- 我会承担责任（哪怕并不是故意的）。

"对不起"想表达的是你的初衷和你所导致的结果之间有很大出入。它也是有助于我们维护自尊的用语之一。

以上这些礼节性用语可不是空话。它们在人际交往中都有着重要且深刻的内涵。在讲礼貌这个问题上，我们强调双方有来有往，并且提倡发挥榜样的力量——成年人应该有礼有节，给孩子们做出表率。希望作为家长的你能够认可这些社会暗码存在的合理性。

与他人融洽相处

为了能和他人友好相处，孩子必须具备以下条件：

● 信任成年指导者，感到自己是安全的；
● 拥有合作精神；
● 拥有社会交往能力；
● 拥有解决社交问题的能力。

孩子能否信任他的成年指导者，极大程度上还是取决于成年人有没有努力。我们已经看到了，当一个孩子不合群、处处挨批时，他与成年人之间是很难建立起信任纽带的。成年人应该率先垂范，向孩子展示他希望教给孩子的东西。在《儿童自然法则》①一书中，小学老师塞利娜·阿尔瓦雷斯曾提到，自己和课堂助教都以身作则，长期保持安静、耐心，说话也力求得体。她们还向孩子示范了如何理智地化解纠纷。在这种安宁平和的班级氛围之中，孩子们的社交能力和合作精神自然而然地就被培养起来了。

我们接着来谈谈合作的问题。对于多向思考者而言，合作并不是一种本能，因为合作意味着"妥协"——这个词多可怕啊！在一次采访中，幽默演员弗朗克·迪博斯克（Franck Dubosc）讲起了自己的小时

①详细信息见参考书目。

候，他说当时自己很难和其他孩子打成一片，因为他们不能遵守他定的规矩。比如，在玩骑士扮演游戏时，小弗朗克·迪博斯克始终记得要像骑真马一样"跨坐"在他幻想中的马背上。如果他的小伙伴们只顾着跑而没做跨坐动作，那他会气得发疯。

孩子可以从桌游①以及团体运动中学会如何正确地与别人交往：要公平竞争，要有耐心，轮到自己之前要等待，要退让，要鼓励和祝贺他人，要学会直面输赢以及与队友协作，等等。他们尤其能从活动中明白：和别人一起玩好过一个人自娱自乐。如果家里人没有足够多的时间跟孩子一起玩游戏的话，那真是太遗憾了！家长们要谨记，电子设备（电视、智能手机、平板电脑等）会让孩子变得孤僻并加重他的社交障碍。不仅如此，电子设备对多向思考者产生的刺激效果也远比普通人的大。

如果交往双方是一个成年人和一个孩子，那么"合作"一词就有别的意思了。成年人所期待的"合作"其实更多的是指服从和听话。不管成年人是怎么组织语言的（要么直接，要么委婉，要么尖刻，要么优美），他的话语中总含有潜在的命令意味："你要服从我，你要做我让你做的，不能质疑，不要想着去弄明白我为什么要这么命令你。"由于小常规思维者一眼就能看穿这层没有言明的深意，却又理解不了，所以大人总觉得小多向思考者蛮横无理。小多向思考者会追问指示背后的意义，而大人则认为他们这是在为不服从命令找借口。想想那个因在走廊上溜冰而被校长责骂的帕维尔吧。拥有常规思维的孩子不用别人提醒也清楚，自己必须小心点，下次不能再犯，所以这事到这里就结束了。然而，我们要怎样才能帮帕维尔理解校长的指示呢？你必须直白地对他

---

① 桌上游戏简称"桌游"，几位玩家在同一空间中面对面进行游戏。桌游包括了卡牌游戏、角色扮演游戏等，有很强的社交属性。——译者注

126

讲："校长、老师、食堂里的监管人员都希望你能服从他们，不去问任何问题，哪怕你并不明白他们这么做的意义，哪怕你并不乐意。这和踢足球比赛是一个道理，你不能质疑比赛裁判的裁定。不管大人们是怎么跟你说的，他们的话里都藏着一道指令，你要理解它并照办。"

因为懂不了这层指令，7 岁的小女孩儿爱玛和自己的老师发生了龃龉。老师说她任性、自大、自私，爱玛哭着回到了家。随后，爱玛的妈妈约见了这位老师。原来，问题出在爱玛拒绝了参加"自愿"的郊游。小女孩儿冷静地表示自己对郊游不感兴趣。然而在老师眼里，所谓的"自愿参加"，其实就是必须参加。老师的不当表述让爱玛产生了自己有权不参加的误解。

为了帮助孩子理解社交话语的隐藏含义，你不妨组织些"猜谜游戏"。很多成年人并不知道怎么才能把话说得简单明了。比如，帕维尔的校长当时就没说"我不准你在走廊溜冰"，他说的是"帕维尔，你看我会在走廊溜冰吗"，这种表达太过于含蓄。你想象一下，如果我想劝你去洗澡，我可以怎么拐弯抹角地表达这层意思——"这么晚了……你不觉得自己脚臭吗？""你喜欢洗澡吗？""肥皂真是一项伟大的发明。""唉，要是可以的话，我现在就去洗澡了！"你可以借着玩猜谜游戏来嘲讽此类表达有多含糊，同时锻炼孩子自发解读其中隐含意味的能力。我相信，用不了多久，孩子就能看破这些弯弯绕绕，并点出你真正想说的话了！参与猜谜游戏也有助于提升你自己对于社会暗语的解读能力。

培养社交能力

小多向思考者的社交能力不是天生的，他们需要学习。我们有必要先在这里解释一下什么是"社交能力"。其实并没有你想的那么复杂，如果你能做出以下举动，那你在别人眼中就是具备社交能力的人：

- 打招呼，微笑，能与对谈者进行恰到好处的眼神交流（别太多也别太少）；
- 观察，评论，发问；
- 保持沉默，听对方讲，展示自己在认真听讲（这点尤其重要）；
- 排队等候，分享，虚心地接受输赢；
- 在被拒绝后仍泰然处之，我们不可能取悦所有人。

除此之外还有些附加规则，它们都服务于人类"共同生活"的需求：世界上不止我一个人，要有边界感，不要打扰他人清净。我们不能在图书馆发出噪声，不应该在火车上对着电话大吼，不要在封闭场所散发臭味……

还要记得注意仪表整洁，这也是必不可少的社交礼仪。多向思考者往往会耸肩，表示并不在乎自己外表如何。他们也看不起那些关注外在的人。虽然我们常说"你身上的袈裟不能证明你是个和尚（外在不能说明本质，不可以貌取人）"，但这是错的。如果某人穿着暴露的沙滩装，那你觉得他可能会是个和尚吗？我们的一身打扮其实也在反映我们是怎样的人。有些着装的原则是不可违背的，比如我们几乎不会穿着婚纱逛超市。每个人都应该对自己的外表上心，不要让自己被轻视——这也是为人处世的潜规则。所以，请重视你的发型、整洁度和着装风格。家长需要培养孩子这方面的能力，你应该把这套规则跟小多向思考者解释清楚，并稍微施加些压力，强制孩子执行。

小心成年操控者

　　小多向思考者追求逻辑连贯和准确无误。然而，成年人说话做事总是不清不楚、缺乏逻辑，所以多向思考者常常感到困惑。他们会揪着有问题的地方不放，直到对方给出个说得通的解释。小多向思考者的这一点也让我们这些可悲的、不完美的人很伤脑筋。要想扛住小多向思考者的质疑，那就必须做到逻辑坚实、条理清晰。成年人越是心烦意乱，就越是容易被执着求真的小多向思考者搞崩溃。所以很多成年人讨厌这些眼睛雪亮的孩子。

　　我在标题中提到的操控者，指的是那些最不真诚、最自相矛盾的人。他们随心所欲地撒谎、吹嘘，威胁、恐吓、引诱他人，病态地掌控他人是他们唯一的行事准则。小多向思考者的聪慧和他们对于逻辑的追求让操控者觉得很棘手。操控者总戴着一副讨人欢喜的假面具，以此来遮掩他们满是怨毒的脸。然而，小多向思考者不会被外表所迷惑，他们能看穿假象。成年操控者也清楚这一点，所以他们绞尽脑汁地想要毁掉这些孩子。

　　爱玛的老师就借着郊游自愿与非自愿之争让头脑明晰的爱玛吃了亏。这位老师留着长发，踩着高跟鞋，穿着超短裙，化着浓妆，她身上的一切都在无声地发出召唤，想要别人夸她漂亮。班上几乎所有的小女孩儿都很崇拜这个芭比娃娃一样的老师，除了不那么好骗的爱玛。这个小女孩儿告诉她妈妈："我知道她不喜欢我，因为我觉得她不好看！"当成年人施展魅力的时候，有的孩子会赞美恭维，有的孩子则坚持不说违心话。小多向思考者不懂拍马屁，所以他们为自己的真诚付出了惨痛的代价。对于操控者而言，谁要是没有俯首称臣，谁就是意图谋反。如果你的孩子被坏老师所刁难，我也没有什么特别好的解决方案，只有一个看起来不那么糟的办法，那就是和孩子解释这些幼稚的大人心里是怎么想的。倘若选择转学，孩子可能会感到无所适从，失去他以往的朋友们（如果有的话），我们只能把转学视作保底的办法。无论如何，在遇到问题时，家长必须加以干预，保护孩子，正面地肯定孩子，告诉他：问题不是你搞出来的，是操控者的错。

天性善良的小多向思考者往往不明白操控者为何没来由地对自己抱有恶意。在这群恶毒的人（孩子还会以为他们有什么苦衷）面前，小多向思考者不知所措，不理解对方为什么这么残忍、敌意这么强烈。思考别人冒犯自己的原因时，小多向思考者只知道怀疑自己，然后给加害者找借口。我们成年人有义务告知孩子：世上不全是好人，如果对方有任何越轨行为，你决不能纵容他。当然，成年人自己首先要能看出来别人在使坏（不管他采取什么方式），并且揭发对方。其实，识别对方是不是在侵犯自己的办法很简单——你不对别人做的事情，别人也不应该对你做[①]。后面我还会再谈谈孩子被霸凌的话题。

为了更好地沟通，请为自己发声

除了增强合作精神和社交能力，小多向思考者还应该学会为自己发声，即自我肯定。多向思考者有损己利人的特点，在"虚假自我"一节里我们已经探讨过这个话题。你不妨把我接下来写到的内容都讲给孩子听，前提是你自己能在这方面做好表率。讲述给孩子听就相当于你自己温习了一遍，想必你也能从中受益。

---

① 见克莉司德·布提可南，《理性的多向思考者：高敏感人群的生存之道》（*Pourquoi trop penser rend manipulable:Protégez votre mental de lèmprise*），居伊·特雷达涅尔出版社，2017 年出版。中文版由中国法制出版社出版于 2020 年。

敢于说"不"可以让我们确立起一个界限，让自己免受侵犯。说一声"我不"，就等于是合上了自己秘密花园的大门，不让园里的花草被外来者践踏。"你要告诉别人停下来，因为他们并不清楚你的感受。"然而，在确立界限之前，人首先要清楚自己的界限在哪里。也就是说，你要跟着自己的心走，尊重你自己，划出自己的"可以容忍区"以及"不可侵犯区"，最重要的是不能犹豫、迟疑。在一段关系中，别把你的所有都奉献给一个不会给你丁点儿回报的人，这对你而言很不公平。你要确保你们的关系是双向的，两人有来有回。如果别人只是因为你愿意给予才"喜欢"你，那你在别人眼里其实就是台提款机或者自动贩卖机。如果你从不说"我不"，那你口中的"好"其实也无足轻重。你可以像给别人设限那样给自己设立界限。如果你自己越过了某个限度，那你就行为失当了，要么是做过了头，要么就是做得不够——太善良或者还不够善良，在关系里太投入了或者还不够投入，等等。

小多向思考者执着于打造和谐关系，害怕自己遭到拒斥。大人需要帮他们给这些情感设限：我们不可能对所有人的胃口，我们不可能和所有人都做朋友。我们有权选择交往对象。哪怕对方是我们喜欢的人，我们也不可能保证一辈子不吵架。最后，告诉孩子，期望越高，失望可能就越大："如果你把爱情和友情看得太重、想得太美，你最后肯定会受伤。如果能少抱一些期望，你就能更好地接纳自己所获得的东西。"

处理纠纷

说"不"是确保自己的权利得到尊重的第一步。但有时，说"不"还不够。并不是每个人都能尊重别人的权利和空间，有些人听到第一声"不"时就会收手，而有的还固执地继续，最后越过底线。此时，小多向思考者要敢于与之对峙。为了能让孩子智慧地处理人际矛盾，我们还需要了解连很多成年人也没能掌握的交际技巧。

觉得不该插手孩子之间的纠纷、应该让小孩子自己解决的人太多太多了。这么放任孩子并不好，因为孩子从中学到的是谁攻击性最强谁就能赢。攻击别人确实很划算：统计显示，5 岁以内的儿童之间产生矛盾时，80% 的攻击行为最后能让被攻击者屈服，并得到家长的纵容。我们还发现，家长和老师对于男孩子间的互相攻击行为忍耐度更高。如果是女孩子之间有矛盾，大家更鼓励她们道歉认错、和平解决。研究表明，在孩子玩游戏的过程中，母亲们会更多地要求女孩子退让，次数是她们向男孩子发出此类命令的三倍。教导男孩子和女孩子表达自己的想法，这将有助于平衡男孩子身上过强的攻击性和女孩子身上过强的顺从性。如果你希望孩子能够抵抗他人施加的压力，那么这种自我表达能力也是孩子所必需的。

家长要禁止孩子用拳头说话，给他们示范如何和平地解决纠纷。这并不难，塞利娜·阿尔瓦雷斯在自己班上就做得很好。通过学习如何和平解决问题，成年人自己也能受益。

在帮孩子处理和他人之间的矛盾时，家长应该保持友善，多听孩子说。正在气头上的人是不可能化解冲突的，所以首先应该让孩子冷静下来，从不同的角度审视问题。然后我们要找出双方做得不对的点。接下来，换位思考，想象对方会怎么看待这事（5 岁以上的孩子就能换位思考了）。最后，家长和孩子一起提出解决方案。一般而言，人总会偏爱自己给出的那一个方案，所以为了避免偏颇，你和孩子不妨多设想几种解决办法。

通常情况下，如果孩子能常在让自己感到安心的情境中与他人进行健康、真诚的交流，那他就可以走出靠暴力和恫吓摆平一切的思维。因此，为了在集体（家庭或班级）内部营造出和谐的沟通氛围，我们应该在家里和班上定期组织"对话圈"活动（talking cercle）①。在讲校园霸凌的章节里我还会再谈到这一点。

你还记得吗？在知道自己与众不同之后，瑞士小学里的那群孩子和他们同学的关系自然而然地就变好了。认识自己与别人的差异，并允许自己做自己，这是处理人际关系中最重要的一点。即使是在沟通中与对方起了摩擦，只要我们能厘清误解产生的原因，那么事情也是可以挽回的。哪怕孩子是多向思考者，他也能学习常规思维者的交往规则，就像人类学家会刻意学习土著的社交礼节，防止自己的行为冒犯到土著居民那样。理解这套规则之后，小多向思考者可以自觉地、自由地选择是否要加以实践。

如今，这个由常规思维者主导的世界单方面地期待着多向思考者能努力适应它，遵循它的规则，站在它的视角看问题。但是别忘了，多向思考者同样也有自己的文化。每种文化都能从别的文化那里学到不少东西。要是两种文化能互相尊重就好了。

寻找灵魂契合的伙伴

但是客观地讲，多向思考者和自己的同类相处起来确实会更轻松。小女孩儿玛侬对此就深有体会，在参加培训时，她发现自己不是孤身一人，自己有同伴了，这多叫人开心哪！多向思考者之间的人际关系单纯

---

① 一种沟通技巧。数名参与者围坐成圈，按照一定顺序轮流讲话，畅所欲言，有不被打断的权利。作者在后文中还会谈到"发言棒"，参与者可以使用该道具来确立在对话圈里的发言顺序。——译者注

明了。现如今，为资优儿童所开设的班级和学校也越来越多了，身居同类之中的高潜力孩子如鱼得水。一些早熟儿童协会也为孩子和家长们组织了见面会、野餐会。家长可以从此类交往活动中获得丰富的资源和教益，可谓是好处多多。但是，被这类团体所接纳的前提是你的孩子已经被确诊为"资优儿童"。是的，如果没被贴上这个标签，非典型性儿童就得待在"无人岛"上，难以与同伴接触。在这种情况下，家长可以想点别的办法来让自家孩子和其他小多向思考者碰上头。为什么不试试在网上创建个人博客或者频道，和大家分享你和孩子的故事呢？

第三部分

打造良性的
家校关系

Chapter XI

用更成熟的心态审视学校

　　我的父亲和祖父曾任小学教师和校长。我还保留着几张祖父寄给我的贺卡，上面的内容是用紫色墨水写的，字迹优美工整，笔触粗细得当。小的时候，我很憧憬学校。我当时很喜欢读马塞尔·帕尼奥尔（Marcel Pagnol）[①]的小说，也爱极了他笔下那位正直的小学教师——约瑟夫·帕尼奥尔（Joseph Pagnol）。约瑟夫·帕尼奥尔坚决反对教权[②]，将自己的教师职业看得神圣无比。由于被这股童年怀旧情绪给冲昏了头，高中毕业会考之后，我又通过了竞考，考入了初等师范学校，学制是二年。毕业后，我教了两个学期的书，然后就带着对教师职业的使命感和幻想落荒而逃。我还在师范学校就读时，1968 年[③]后兴起的新教育理念正风行于校园之中。而我只觉得这些理论晦涩空洞。既然教育家们拒绝给出现成的教育方案，那我们要他们有什么用呢？新教育理念的核心是"应该由孩子自己来领悟"；"我不知道答案，但我们可以一起找

---

① 马塞尔·帕尼奥尔（Marcel Pagnol，1895—1974），法国小说家、法兰西学院院士，出生在教师家庭，创作有童年回忆录系列自传小说（包含《父亲的荣耀》《母亲的城堡》等）。约瑟夫·帕尼奥尔是马塞尔的父亲，在《父亲的荣耀》中登场。这几部作品已有中文译本。——译者注

② 指反对天主教会干预世俗事务，比如教育。——译者注

③ 1968 年，法国发生了"五月风暴"事件，引起了思想巨震。——译者注

到答案"这句话被现代教育者奉为圭臬。当时还上映了一部由柯吕许（Coluche）[1] 主演的电影《小学麻辣教师》（*Le Maître d'école*）[2]。大家以为这部电影走的是搞笑夸张路线，其实它是在写实。在电影中，有一位教育顾问本该帮柯吕许饰演的教师改进教学方法，结果却提出了一堆可笑的奇谈怪论。这个片段很好笑，但我笑不出来。因为当年还在小学当老师的时候，我遇到过一模一样的顾问，这人还曾向我笨拙地献殷勤。

在逃离学校后的数年里，每次看见学校开学，我都深切地感受到自己是如此的幸运和自由：以后都跟我无关了！虽然我现在仍然是个工作狂，但我再也不必领受以前每学期末产生的那股深深的疲惫感了。我跑路的时候只有 20 多岁。时至今日，我仍然钦佩老师们的勇气。给老师们放假是应该的！不当老师以后，我还是会定期前往各个学校开讲座，开研讨班，做教师培训，所以我经常和家长、学生和老师打交道。我接待过的学生和家长都求知若渴、乐于配合，但有时我也会遭遇来自老师的敌意，尤其是那些被迫接待我的老师。因此，我对一个老师可以顽固和不友善到何种程度颇有体会。我还记得，之前有所学校的教师花了很大的功夫想把我的活动搞砸。然而就在一天的活动结束之后，他们又直言后悔了，跟我说是"心理学"这个词让他们产生了抵触情绪，他们没想到我其实是一个务实友善的人，早知道的话他们就准备好问题来咨询了。正如斯特凡纳·富里纳（Stéphane Furina）所总结的，这些老师"比小孩子还难搞"！幸运的是，在大多数时候，我遇到的老师都很投入，其中一些老师的思想也很包容，和他们相处让我感到很开心。我也时常为那些在工作中痛苦无比的老师提供辅导。如果是企业员工找我

---

① 法国著名幽默演员。——译者注

② 1981 年上映的电影。——译者注

咨询，企业有时会给他们报销费用；但是教育部可从不会为来求助的老师掏腰包。教师要管理班级事务，进行压力极大的授课工作，接受上级强加的教学方案和来自教育机关的蔑视，我们很难想象他们遭受着怎样的粗暴对待。我认识一位法语老师，新出台的教育政策禁止她教授拉丁语和希腊语课程，她很受打击。还有一个我认识的老师在新学期开始前自杀了。学校明知道她身体不好，还安排她教四个不同年级的班，排课也很分散，这导致她在家与学校之间往返很多次。她跟我讲过，她根本没办法准备这么多课程。在今天，有很多老师找寻不到自己工作的意义。诚如喜剧演员安妮·罗曼诺夫（Anne Roumanoff）所言："以前去当老师，有使命感就行了；而现在去当老师，真的需要一种信仰！"

　　绝大多数人在接受采访时都表示不愿意成为老师。老师们献身于费力不讨好的教育事业，可是有些法国人非但不感谢他们、为他们喝彩，反而加以中伤，说老师们是懒鬼，不是在度假就是在休病假。他们锲而不舍地诋毁自己以前的老师，就好像老师是他们的仇人一样。因为这些人在学生时代经历了太多的痛苦，他们受伤太重，积怨太深。

　　当年气冲冲地离开教师行业时，我曾发誓永远不要孩子，因为"这样我就不必把他们交给这个腐朽的体系了"。但我打破了自己的誓言，成了一名学生家长，陪孩子从幼儿园一路上到了高中毕业班。我和法国的教育体系一直在打交道。我得说，在以家长身份去接触这个体系时，我获得的体验是最糟糕的，就像做了一场噩梦。

　　和很多父母一样，我体会过那种恐怖的无力感，我知道我家孩子正在学校里吃苦头，但当我试图提醒学校时，对方却在我面前竖起了一堵由愚蠢和否定组成的铁壁。我当时和老师的关系恶化到怎样一个地步呢？某一次，学校校长对我大喊大叫，说我是个可怕的女人，说在他的学校里，我孩子不会得到任何老师的帮助。我家孩子遭遇了三次严重的校园霸凌事件（我和孩子他爸几乎每年都要赶去一趟医院急救室），但学校回回都否认发生了霸凌。所以后来我不得不在学年中途把孩子转到别的学校。为了能弥补公立学校教学上的不足，我花了很多钱让孩子去私立学校上特殊课程。和老师们的约谈至今还让我心有余悸。去学校的时候，我万分恐惧，喉咙里好像堵着什么东西一样难受，腿也发软，手不停在抖，我常常是流着泪走出校门的。很多母亲（还有几位父亲）告诉我，他们也有同样的经历。讽刺的是，老师自己也怕见到同行——当一个老师以家长的身份去约见孩子的老师时，他也会发怵。

如果把学生、老师和家长分开来看，那么除了极少数特例之外，我们感觉学生都是些友善的人，老师都是些友善的人，家长也都是些友善的人。可是为什么把学生、教师和家长三者放在一起时，他们之间却矛盾重重，无法沟通呢？说来奇怪，这正是因为三者有一个共同点：都为国家教育系统所折磨。教育系统是一头巨象，试图把所有人都碾碎。

法国学校表现不佳

茹费理（Jules Ferry）[1]当年成功遏制了法国文盲率的增长，而今天的法国学校却制造出了 40% 的文盲[2]。在最新一次"国际学生评价项目"（PISA）排名中[3]，法国在 72 个国家里排名第二十六位。

除了学业成绩，PISA 排名还要评估法国在让年轻人投身科研方面的

---

[1] 十九世纪的法国教育部部长，为法国的教育改革做出了极大贡献。——译者注

[2] 数据来自经济合作与发展组织（OECD）。

[3] "国际学生评价项目"（PISA）是由经济合作与发展组织所负责的规模最大的教育系统调研项目。该调查每 3 年举行一次，旨在评估和比较各国（2016 年有 72 个国家参与）教育政策的效果。

号召力。在经济合作与发展组织（OECD）所属国家里，差不多平均每四个学生中就有一个希望获得高等教育文凭，成为科研人员；而在法国，仅有五分之一的学生有志于此。更糟糕的是，法国学生对学习自然科学知识并不怎么感兴趣，女生对自然科学的兴趣比男生还要少。除了在自然科学教学中存在性别歧视以外，法国在加重社会不公平问题方面也实力惊人。在法国，家庭的社会经济背景对 15 岁学生成绩的影响程度在 20% 以上，而经济合作与发展组织所属国家的平均水平为 13%。

国际阅读素养进展研究（PIRLS）统计显示，2001 年到 2016 年，法国小学儿童的阅读能力持续下降。法国这次获得的成绩比上次低了 14 分，现在位列全球第三十四位。10 岁法国孩子的阅读能力低于欧洲同龄人（不包括比利时法语区）。俄罗斯和新加坡在排名中雄踞榜首。这两个国家里有四分之一学生的阅读能力达到了最高级别。而在法国，达到这一水平的学生仅 4%。

现任教育和青年部长让 - 米歇尔·布朗盖（Jean-Michel Blanquer）好像已经吸取了教训，提出将教育优先区域（ZEP）[①] 的小学一年级和二年级进行拆分 [②]，并重拾拼读法教学（La méthode syllabique）。让 - 米歇尔·布朗盖还计划和法国文化部合作，激发法国青少年的阅读兴趣。这回，在听到要重拾拼读法的时候，没有人再抱怨了，1968 年后的新派教育家们也已经到了退休的年纪。希望我们付出的这些努力能有收获吧！

---

① 教育水平落后地区。政府会进行重点帮扶，旨在实现教育公平，抵制社会不平等。——译者注

② 拆班有利于控制班级人数，实现小班授课，提高教育质量。——译者注

解决方案是存在的

　　拜这些处于"青春叛逆期"的教育家所赐，过去40多年里，法国教育改革困难重重。积极的教育改良举措弥足珍贵，它们极其少见、鲜有人知晓。我想在这里举其中几个例子。首先是索菲·加尔古维奇（Sophie Gargowitsch）提出的方案。索菲·加尔古维奇是一个仅有500位居民的小村子的年轻村长[1]。在获得教育部许可后，她在村子里打造了首个使用蒙台梭利（Montessori）[2]教学法的公立小学。此举一举三得，既拯救了快要倒闭的乡镇学校，又为家长们提供了另一套教育方案，还吸引了更多人前来村里定居。同样的，卡昂城边上的市镇埃鲁维尔圣克莱（Hérouville-Saint-Clair）也于1977年建立起了一所公立免费学校（含幼儿园和小学），该校贯彻的是塞莱斯坦·弗雷内（Célestin Freinet）[3]的教育主张。最后一个例子是小学青年教师塞利娜·阿尔瓦雷斯。她在热纳维里耶（Gennevilliers）[4]的一所幼儿园里开展了极具创新性的教学实验。遗憾的是，实验进行到一半就被法国教育部喊停了。塞利娜·阿尔瓦雷斯得出的成果很有说服力，可能也是因为过于有说服力了，所以才遭到了腰斩。她提出的教学方案对孩子行为能力、认知能力和学习能力的提升效果极其显著。通过此次实践，塞利娜·阿尔瓦雷斯也提炼出了"儿童的自然法则"，并在她的同名著作《儿童自然法则》中进行了讲解，该书长销不衰。

　　但是，以上这类教学创举可谓是寥若晨星。由于公立学校在走下

---

① 布里奥朗斯河畔小镇布朗克福尔（Blanquefort-sur-Briolance）位于法国西南的洛特 - 加龙省（Lot-et-Garonne）内。

② 意大利教育家，主张激发孩子的自觉和潜力。——译者注

③ 法国教育家。——译者注

④ 法兰西岛大区上塞纳省市镇，在巴黎西北方向。

坡路，越来越多的家长选择了私立学校。私立学校并不免费，有时甚至贵得不得了。合同外①的私立学校和教学机构无法获得国家的援助，它们的经营者是一些社会组织（受法国 1901 年社团法规约束的组织）或者家长团体。不少合同外私校难以抵御风险，因为小型经营者组织里的任何关系变故和权力斗争（不幸的是这些很常见），都会波及它旗下的学校。不过，现在全法国的私立学校数量仍在迅速增长。数据胜于雄辩：根据教育部的统计，目前在法国有 1168 所合同外私校，每年合同外私校新增 100 多所。如今，有超过 6 万名法国学生在这种替代性学校（alternative school）中学习。

　　此类学校可以自由选定教学方针。它们唯一要遵守的义务是，学生在 16 岁时应该在公共科目中达到和其他同龄学生相同的学业水平。现在全法国的合同外私校中，有 43% 采用蒙台梭利教学法，29% 选择了弗雷内及华德福教育法②，还有 28% 是宗教或专门类学校（比如"郊区希望"学校③）。玛丽亚·蒙台梭利提出的教育法在全世界范围内（尤其是北美）得到了广泛应用：现在全球 126 个国家里共开设有 2.5 万所蒙台梭利学校。蒙台梭利教学法之所以能享誉国际，主要是因为它不追求竞争，不给孩子打分。而且，蒙台梭利学校在教学时会采用具体的教学器具，能使知识点变得更易于孩子理解。最后，蒙台梭利教学法还兼顾了一些可能无法并重的需求，比如它既关注早期学术教育，也注重培养孩

①法国私校有合同内和合同外两种，后者不与法国国家教育部签署协议，可以不遵守公立学校的教学时间安排和课程安排。——译者注

②哲学家鲁道夫·史代纳（Rudolf Steiner）基于"人智学"创立的教学法。——译者注

③"郊区希望（Espérance Banlieues）"学校（目前共 17 所）多开设在治安和经济条件较差的敏感街区，旨在为家境贫寒的儿童提供上学的机会，从而缓解社会不平等问题。学校的运作主要依靠社会捐款。——译者注

子的幸福感和自主性。蒙台梭利教学法总被当成是精英阶层教学法，但实际上，所有人都可以选择蒙台梭利教学法，它同样能帮助家庭条件最差的孩子取得成功。蒙台梭利教学法聚焦的是孩子本身和他个人特有的学习机制，教师们将满怀善意地倾听孩子的心声，提供个性化的教学。

面对现实

如果家长也是多向思考者，那他们会和自家的小多向思考者一样敏感异常，也有完美主义和理想主义的倾向（他们的倾向甚至更严重）。不完美的世界、不完美的学校和不完美的老师，引起了他们的反感。家长希望让孩子在一个完美的世界中茁壮成长。因此，他会盯着任何不符合他内心理想标准的细节不放，且时常感到愤愤不平。如果父母把对孩子在校生活的忧心和不满表现了出来，那他们的情绪就会像放大器一样，让孩子的问题变得更严重。孩子可能会产生罪恶感，并保持沉默，他想以此来避免让父母难受。与此同时，家长与老师间也沟通不畅、剑拔弩张。我当然清楚此中的缘由，毕竟我早就是激怒老师、讨老师嫌方面的"专家"了。我发现这一点时已经太晚了。接下来，我会给大家支支着儿。要是我当家长的时候也有人叮嘱我这些就好了。

首先，家长的职责是不要让孩子把问题想得太严重，不要小题大做，让孩子重新认识现实。这就是"5C"原则——"这很傻，但事实就是如此！（C'est Con, mais C'est Comme Ça!）"如果孩子能够坚定而和善地遵循现实原则[1]，那他将会比家长所预想的更快适应这个社会。换

---

[1] 现实原则（Reality principle/principe de réalité）是心理学概念。弗洛伊德将人格分为本我、自我和超我三大层次。"本我"遵循的是"快乐原则"，而恪守"现实原则"的"自我"则负责抑制"本我"满足欲望的原始冲动，使之服从外界的制约。——译者注

个角度看问题很有必要，以下是具体做法。

我们每个人上学时都有过如下经历：身体受伤、目睹别人滥用权力、被羞辱、得到老师自以为诙谐幽默但其实很伤人的评语。这些痛苦的回忆让人感到无比煎熬，但现在，我们需要换个思路，抱着更成熟的心态去审视在校生活。学生一般会在学校里度过 12 年至 15 年，这还没算上复读的年份，也就是说他们要与 100 多名专任老师或代课老师共处数千小时。在这么长的时间里，怎么可能不出点事呢？我们碰到的老师怎么可能都是好人呢？

老师会任教大概 35 年的时间。像其他人一样，他们也有顺心和不顺心的时候，他们也会遇到麻烦，也会有亲朋去世，也会生病。他们的工作量比绝大部分人所想象的要多得多：备课、批改试卷占用了他们大量的休息时间；学校的那套教师评级制度让他们压力山大；他们和同事间的关系可能很差；他们还要面对烦人的家长和说话难听的学生。因此，老师有可能会做出一些令人不快的举动，他们也有判断失误或者说话不中听的时候。学生们还老是挑战他们的底线，应付起来很累人……家长们可能不知道，孩子热衷于挑起大人之间的对立。我曾在开讲座的时候调侃说："我不知道大家知不知道——老师不可能考没在课堂上讲过的东西。他们还没笨成这样。如果你的孩子说没学过，那他上课的时候八成是睡着了。"我发现一些家长露出了尴尬的表情，他们应该上过这种当。我完全可以想象出家长跑来质问为什么测试里有没学过的题时，老师有多惊愕。

为了让家长认清事实，我接着补充道："老师不是孩子的奶妈、保姆，也不是他们的第二个母亲，不是心理医生或社工（虽然他们有时会扮演这些角色）。他们只是掌握了某科知识及其教学方法的人。老师很擅长且往往热爱自己选择任教的这门课程。如果你的孩子也喜欢这门学科，他上课听讲且完成了作业，那他不可能和老师发生矛盾。"

当然，以上这个说法并不是百分百准确，但它能帮助你和孩子减轻一些心理负担。孩子不必把上学想得过于恐怖，上学并不是上刑。

我之前提到了，塞利娜·阿尔瓦雷斯的教学实验为人所津津乐道，她的著作销量不俗。有些热忱的老师曾尝试在有限的条件下复刻她的做法。虽然他们并不像她当时那样享有自由行事的特权，但也确实做出了些受到家长广泛好评的成果。老师们希望彻底践行塞利娜·阿尔瓦雷斯的理念，然而，由于竞争和攻击性仍是今日教育的特点，受到这个大背景的限制，这些势单力薄的老师难以成事。我希望法国的教育最终能有所改善。但学校自主改革的那天尚未来临（如果真的有那么一天的话），在等待改革到来的期间，我想先传授给各位一些非常实用的方法，以帮助多向思考者应对他们的学业问题。

Chapter XII

让孩子保持好成绩的 16 个秘诀

在本章中，我将传授给你帮助小多向思考者完成学业的所有技巧，以免孩子因为搞不懂教育系统的运行规则而陷入困境。同时，家长和老师也有必要知道可能会产生哪些误解，双方学会换位思考能解决不少沟通层面的困难。其实小多向思考者想要的东西并不多，理解并满足他们的需求并非难事。我们只需做一些简单调整，并提醒孩子别忘了指令的内涵，就可以大大地提升孩子的心理舒适度和在校生活质量了。

要从宏观到微观

如果你告诉你的孩子："跟我走。"大部分孩子会跟随你的步伐。但是小多向思考者会站着不动，然后反问："我们去哪儿？"同样地，在正式进入学习之前，小多向思考者需要知道学习的方向。教师应该在学年开始时向孩子详细地说明课程教学大纲。如此一来，孩子们就可以把他们正在学的章节放在整个大纲中进行思考了。这事办起来并不难，而且对孩子大有裨益。如果老师没有进行讲解，那家长可以和孩子一起翻翻课本，参照着目录给孩子做概括性介绍。从宏观到微观，在学年初就把教学大纲过一遍，定期提醒孩子当天所学的内容属于知识框架的哪一部分，让孩子在日常生活中运用所学知识。你看，这些要求也不过分吧。

明确学习的意义

对于多向思考者而言，学校教学的内容可能显得过于理论化和条块化了。小多向思考者希望自己学的东西是有意义的。他们无法做到囫囵吞枣、不知其所以然地学习，渴望着把学到的内容和其他东西建立起联系。其实，让理论联系实践并没这么难。在《拥抱苍穹》（*Embrasser le ciel immense*）[①] 一书中，作者丹尼尔·塔米特（Daniel Tammet）用一整章探讨了"数学思维"。他表达了令人动容的对数学的深爱，他用具体事例说明了数学知识是如何造福人类日常生活的。家长同样也要尽可能多地将学习与实践相结合。举个例子，阅读使用说明或者菜谱也是锻炼阅读能力的一种方式。在采购家装用品的时候，你可以让孩子看看每平方米地板的价格，跟孩子说，如果想知道重新给整个房间铺地板要花多少钱，就必须具备测量和计算能力。我也建议你带他参观博物馆、古代城堡，阅读科学和历史类书籍，并观看电影，总之，你可以选择任何能与学校课程产生联系并且能拓展课程内容的活动。小多向思考者若想把学习内容纳入自己思维框架之中，这种体验式的学习方法恰能满足他的需要。

如果孩子不明白上课的意义，你要鼓励他相信老师的教学目的是好的。老师为什么要这样上课呢？因为老师认为这是让所有同学都能听懂的最佳讲法。我们为什么要做练习题呢？主要是为了巩固知识，做习题也能验证学生是不是真的全听懂了。比方说，如果老师要求你抄单词并让你圈出辅音首字母，那么她肯定没有胡乱安排，她这么做是有目的的：抄单词是为了训练你写字的能力，能让你写得越来越好。同时，你

[①] 英文版书名为"Embracing the wide sky"，详情见参考书目。——译者注

还可以通过抄单词来记忆单词是如何拼写的。老师让你圈出辅音首字母，则是为了确认你是否知道什么叫单词的首字母、什么是辅音。你是多向思考者，你可能觉得这个太简单了，但没准儿别的孩子觉得很难呢？

小男孩儿帕维尔就不懂"给单词排序，组成句子"这个练习有什么目的，所以他乐此不疲地造出些稀奇古怪的句子。帕维尔给的句子真的很好笑！比如"猫在煮粥""巫婆学习面团""孩子吃课"。老师很不满意他的答案。在学校里，造的句子必须有意义，我们该怎么做才能让帕维尔明白这一点呢？

有时候，所学内容的意义可能并不太明显。此时你需要将孩子学习的知识与一个远景目标关联起来。孩子要明白"学英语是因为我希望自己未来能胜任国际化的岗位"，或者"我的数学要考得很高分才行，这样我才能去自己心心念念的大学"。

有时候，你也要提醒孩子接受现实[1]——"人不得不做一些自己感到厌烦的事情，比如填报税单。我们做这件事没有别的意义，做它只是因为必须这么做，不然我们就有麻烦了。有些时候做事是没有理由的，你可能会觉得很荒唐，但别人并不会征求你的意见。你必须去做，否则你就会惹祸上身。"

小多向思考者也有做事不问原因的傻瓜时刻。我曾经调侃这些孩子，说他们在玩电子游戏的时候就从不质疑任务的意义——为什么要拿到魔剑和生命药水呢？为什么要得到三点经验去升级呢？我告诉孩子，要想学习时干劲满满，可以把在地理考试中拿到高分想成获得魔剑

---

[1] 重复"5C"原则——"这很傻，但事实就是如此！（C' est Con, mais C' est Comme Ça! ）"

的任务，同理，学好数学他就能拿到生命药水，就能升级了……看到孩子们在听到这话后露出了笑容，我就知道，他们懂我的意思了。

内容要有营养

之前我说过，小多向思考者非常渴望学习新知识，但他们在上课时感到极度无聊。为了避免他们退学，以及对学校产生恐惧情绪，我们要让他们乱哄哄的大脑忙起来，给它们提供养料。跳级是其中一种办法。即使孩子与新同学有年龄差距，但比起与原来的同级生之间的思想隔阂，前者还更容易让人接受些。毕竟同龄孩子还在艰难学习的时候，小多向思考者却感觉无聊得要命。但是，跳级还不足以让多向思考者的大脑全速运转起来。充实孩子的大脑没有我们想象的那么难。例如，只听别人说话却什么都不做，对于孩子而言是一种折磨（对成年人也是如此）。很多人边听讲边涂鸦写字，这样才能集中精神。我认为，老师应该允许孩子在笔记本的一角涂涂画画。但是这个办法实践起来有难度，毕竟我们不知道哪些孩子会因为涂鸦而分心，哪些孩子能通过涂鸦集中注意力。边听边做些笔记也能冲淡孩子的无聊情绪（虽然孩子可能还没到上课需要记笔记的年纪），教师可以注意检查下孩子们在听讲时写了些什么。另一个对付无聊感的窍门是让已经做完了且做对了作业的孩子到一边看书。老师只需提醒他们几句保持安静就够了。让孩子进一步思考所学内容也不失为一个办法。老师不妨给小多向思考者布置一些更难的练习题，让他们去查查百科全书，吩咐他们准备一个课前展示或者给他们安排一份做着玩玩的额外作业。

最后这个建议可能有些争议性：小多向思考者是天生的老师，要是他们搞定了练习题以后感到无所事事，那就安排他们给学不懂的孩子再解释一遍课程。多向思考者友善、耐心，同时很有创意，他们能想出独特的办法来帮助他人高效地吸收课程内容。但有些注意事项需要遵守：

- 小多向思考者帮助的人不能是霸凌他的人。
- 给人讲课的小多向思考者应该始终记得自己是个学生，他不是大人，不是老师的正式助教。
- 小多向思考者自己要乐意这么做。
- 另一个小孩儿也要乐意接受小多向思考者的帮助。

你可能会想，要是小多向思考者被委以重任、成为老师的"宠儿"，那他会不会被同学们排挤？其实你无须担心 —— 他不这么做的时候不也会遭到排挤吗？如果他能当上"小老师"，那么以后，至少他耐心帮助过的那些孩子会更加友好地待他。

满足情感需求

小多向思考者只有在喜欢老师时才会认真学习。如果他的老师很蠢、很虚伪、不喜欢他，那孩子这个学年就会过得很糟。孩子喜欢老师的前提是这个老师聪明、言行如一、真诚。如果一个老师一边威胁着要把迟到的孩子开除，一边表示"因为上学对学生而言很重要"，那么小多向思考者只会为老师自相矛盾的言行感到震惊，并心生反感。一个初中生跟我说，他能看得出来谁是表面友好但实际上对学生毫不关心的老师，谁是不苟言笑但真心盼着学生好的老师。我高考那一年，我们的物理—化学老师陪着我们等待放榜。成绩出来后，她和我们一起喜极而泣，也会安慰没合格的学生。能像她一样关心学生、愿意来到高考成绩公布现场的老师，又有多少呢？

提图安是一名初一学生。他被诊断为"资优"儿童，但他的数学成绩却糟得不可思议，所以来找我做咨询。很显然，提图安是个思维敏捷的孩子。他双眸雪亮，反驳我的话滔滔不绝，给出的推理无懈可击。

我问他："提图安，你真的很聪明，这一点毋庸置疑，可为什么你的数学成绩这么差呢？"提图安的脸垮了下来，他回答："因为数学老师很蠢。"我坚持道："对，老师可能是很傻。但是你的大脑这么发达，你根本不需要他帮忙也能考很好哇。数学对你而言太容易了，所以我还是想问你：为什么数学会考这么差呢？"提图安一脸愤慨地回答："但是如果我考得很好，这个老师就会以为他做得没错。"我突然理解他的意思了："你坚持考差是为了让那个老师觉得他自己没用？"提图安耸了耸肩，说："嗯，就是这样。"

可怜的提图安绞尽脑汁，不惜牺牲自己的成绩，就是想让这个无能的数学老师产生自我怀疑。

孩子不会"为他自己"而学习，他们学习是为了让老师和家长开心。孩子需要情感支持才能学习，并不是因为他们不成熟。因为他们是人类，所以他们有这种需求。虽然有的孩子好像对缺乏人情味的课堂无动于衷，但我相信，他们仍然难逃这种课堂所带来的负面影响。情感纽带至关重要。在工作过程中，如果成年人的情感需求没得到满足，那他们也会感受到和孩子相同的痛苦。"谢谢""太棒了"以及上司的认可……我们尚且需要这些来激励我们前进，又凭什么要求小多向思考者舍弃这种需求呢？

同时，为了减轻与老师之间的情感纽带给孩子造成的情绪负担，我们要让孩子明白，他不是老师一生里唯一的学生，老师也不是只带他一个人的导师。让孩子设身处地为老师着想：老师要执行教学大纲，他有自己的时间表和日程安排，他要接待家长，听他们的意见，还要备课、改试卷、开班会……他每年有一个或者好几个新班级要带，一个班上会有 30 名学生，所以，你真的觉得老师能像你所期待的那样，对你有求必应吗？

回到显而易见的答案上来

复杂大脑把简单的事情弄得很复杂，把复杂的事情想得很简单。必须充分地刺激他们的大脑，才能让他们集中注意力。学业给小多向思考者带来的激励太小了，不足以让他们全神贯注，所以他们才会有"注意力缺陷"。家长们也向我证实了这一点，他们说孩子在家里专注起来的时候可以静坐几个小时。但在学校里，孩子就会开小差、做白日梦，只有在别人提问时才会回到现实中来。多向思考者有一颗复杂的大脑，他们很难想得到过于简单的答案。他们会脑子宕机，无法作答，然后觉得自己很没用。而当你公布"正确"答案时，他们又会感到失望，因为发现别人想要的答案竟是如此平庸。然后他们更觉得自己一无是处了：我竟然连这个都没想到。

在做心理辅导时，我会这么跟孩子说："你的思维很复杂。我打个比方，你的大脑在四楼，而老师上课教的知识在二楼。问题是，每当你搞不懂的时候，你的大脑就开始爬楼梯，想上到六楼去找答案。你觉得这些知识太难了，你太蠢了，你永远也懂不了在二楼的知识。其实你完全是能够理解的，如果你不懂，只是因为你想得太多。你现在需要回二楼，甚至可能要下到一楼。你要问自己：如果答案本来就很蠢呢？要是它确实就是一年级的水平呢？那我该答什么？然后你就会得到答案。现在回想一下，每次你答不出来，别人给出正确答案以后，你是不是都很不满意，会想：就这样？"

所有的孩子都说是这样的。所以我跟他们分享了一件在我身上发生的趣事。我做的填字游戏都是不带黑格子的那种，因为这样一来游戏会更有难度。某一天，题目栏里写着：你填的字母将会组成"埃及之王"的名讳。嚯，你想想，埃及有过345个"埃及之王"。于是我在脑子里把所有我知道的法老名字过了一遍：基奥普斯、胡夫、图特摩西斯、拉美西斯……但是没有一个名字和格子对得上。结果你知道正确答案是什么吗？——就是"埃及之王"的同义单词"法老"！玩家们往往都记得法老的名字，所以很多人跟我做了同样的事。想引导小多向思考者找到正确答案，就要不停地对他念叨："回到那个显而易见的答案上去！如果答案就是很蠢很简单的那种，你要怎么回答呢？"

这条指令甚至对写学位论文的多向思考者也适用。要不断提醒他们，写论文不是为了惊掉教授的下巴，而是就一个他们已经深入探索过的主题写一篇尽可能详细完整的研究文章。他们最好能想象有个对该研究领域一窍不通的人会读这篇论文：面对一个完全不了解该领域的读者，我们要从头到尾重新解释一遍，要假装教授根本不知道这些东西。

解读老师的指令

我曾在一个教师论坛上看到了一则趣闻：

老师说："用铅笔做完第二、三和四题，就写在数学习题册上。"孩子们提问："是用蓝笔写吗？""要做第一题吗？""是在习题册上写吗？"

我猜这位老师发帖的目的是要证明学生在上课时到底有多不听讲。从某种程度上来说，这是事实，但与此同时，这个帖子也反映出发帖老师缺乏耐心和善意。如果孩子在课堂上反复提这类问题，那就说明一次性发出三条指令对于孩子们而言太多了，指令内容如果没有按照做事的先后顺序给出，就会让孩子们一头雾水。老师最好先说"拿出你们的数学习题册"；在孩子们拿出来以后，接着说"拿一支铅笔"；孩子们手握铅笔以后，老师再补充说"做练习题的第二、三和四题"。如果学生是多向思考者，那他肯定还会问："为什么要跳过第一题呢？"他们提问说明他们感到了不安，需要老师的确认，因为他们很害怕做错事。试问，谁没有在车站、机场或柜台问过"蠢问题"？满脸不耐烦的工作人员肯定这样回答过你："我刚刚不是已经说过了吗？下楼往右。"

帕维尔的妈妈很绝望。儿子的老师扔给了她几句干巴巴的话："我们在课堂上做的事情就是他这个年龄段该做的，我给出的指令很清晰，是帕维尔自己有某种行为障碍。"我们应该怎么告诉这位女老师呢？小家伙觉得你的指令并不清楚。小多向思考者听不懂老师指令的潜在含义。你要说出来，并仔细地解释一番。

为了帮助小多向思考者理解老师的指令，我是这么跟他们说的：如果我把一支笔举到别人面前，问他这是什么，绝大部分人会斩钉截铁（也就是说根本不需要考虑）地回答说是一支笔。但是有些人会想："她应该不会蠢到不知道这是一支笔吧，也不可能傻到不知道我认得出来这是笔吧。她这么提问肯定是给我挖了什么陷阱。"于是，他们会回答我"这是塑料"，或者"你是不是想让我写点什么"。接着，我又问他们："你会回答这是一支笔吗？"他们嘴角狡黠地上翘："当然不会。"通过这个例子，孩子们就能轻松地理解了——因为自己有着复杂的思考机制，所以自己在上课时会遇到许多困难，给出的回答也会离题千里。

我还会教孩子站在老师的角度想。很显然，老师心里清楚自己为什么向学生提这个问题。他需要确认学生理解并记住了自己教的内容。试问，除了提问，他还能靠什么方式来确认这一点呢？他希望学生给出他想要的回答。所以，当老师提问的时候，你不用想办法语出惊人，你要做的是重复他在课上讲过的内容，他要的就是这个。

我总结道："你要明白，不论老师具体是怎么说的，他的潜台词总是'把你学到的东西给我说出来'……哪怕他表达得很是拐弯抹角（有时老师的说法确实很委婉）！哪怕他问的是'你对这个问题怎么看'，记住，他唯一想说的就是'把你学到的东西说出来'！比如，上哲学课，你不能说你自己的想法，而是要引用你所学过的哲学家的观点。你要说，这个哲学家认为……另一个哲学家，和第一个相反，是这么说的……第三个哲学家则表示……对这些观点加以提炼和综合就完事了。只要抓住了这一点，你上课就不会再惹麻烦了。"为了鼓励孩子们，让他们提前做好心理准备，我跟他们明白地讲："你知道吗？长大后的多向思考者会在工作面试中遇到同样的问题。面试官问起你的优点和爱好，其实并不是真的在关心你有哪些优点和爱好，他们想知道的是你身上有哪些与你所应聘的职位相关的特质。谁管你喜欢骑自行车，还是喜欢吹单簧管啊！道理都是一样的，不论你的面试官具体是怎么表述的，他的潜在指令其实很简单——'你身上有哪些适合这个工作岗位的特质？'就是这样。然而，由于不知道这一点，不少多向思考者会在面试时跑题。"

学会阐明思考过程

有结果必有过程，两者都很重要。俄罗斯孩子理解这一点可能更容易，因为俄语中每个动词都有两种"体"，想强调结果还是过程，就使用对应的那一个（比如，我到底是想表达"我正在读"，还是"我已经读完了一本书"）。

小多向思考者所面临的挑战可以总结如下：我已经知道答案了，现在，我只需要弄明白我之前是怎么想出来的，并且解释这个过程就好了。多向思考者所犯的最大错误就是以为结果最重要。还是那句话，要脚踏实地。家长应该跟孩子讲清楚，为什么得出正确答案只算把别人交予的任务完成了一半。阐明思维路径并证明自己理解了推导过程同样重要。这一次，孩子还是要站到老师的位置上想问题。虽然老师自己能独立思考，但他还需要知道学生的推理过程，所以你必须把过程讲给老师听。如果孩子年纪稍微大些，你不妨给他举这个例子："你想，当你想停用 Facebook 的视频自动播放功能时，你该怎么做比较好？是自己像没头苍蝇一样一通乱试，还是理解并记下流程——打开 Facebook，点击右上方的按钮，进入'设置和隐私'界面——然后再关闭呢？你的老师不只关心你最后能否关上这个功能，他还想知道你是否掌握了这个正确流程。"

小多向思考者会觉得向对方解释对方已经明白的东西很蠢。我们要多跟他强调这一点的重要性。我会说："请把老师当成一个什么都不懂的傻瓜，在卷子上详细说明你的推理过程。"这个说法能把孩子给逗乐，然后我就接着解释道："你我都知道老师不是傻瓜，但他恰恰就希望你把他当成傻瓜来对待。"

如何完成写作

为什么大部分多向思考者有写作困难？因为复杂思维是呈树状发散的，而写作是线性活动。多向思考者要从"漏斗"跳到"直筒"。有两个简单的工具可以帮助多向思考者完成这种转换。第一个是思维导图（我后面还会再说）。画思维导图能帮我们提炼出想法，并直观地把它们铺展开来，所以很适合多向思考者。这也是唯一一种能避免思考跑偏的办法。在做思维导图的时候，必须把主题放到图的最中间，所以我们很容易就能看出从主题衍生出的分支的体量是否合适。第二个能帮我们把思考线性化的工具是口头表达。你只需大声地把想写在答题纸上的内容，以及为什么要写这些内容给说出来就好了，记住要始终顺着思维导图的逻辑链条和结构来。孩子应该给自己提问："如果我必须给一个完全外行的人解释我写的东西，我要怎么解释呢？"然后他就可以开始写了，一点一点按照他所做的口头解释来写，就像是在听写一样。我们也可以把自己在口语表述时说的话给录下来，这样可以简化自我听写的流程。我写这本书的时候就是这么做的。

审题切记要仔细

快速阅读指令和题干也经常会导致答题跑偏。读得快是思维迅捷的多向思考者的一大特点。孩子需要养成仔细读指令的习惯。为了帮他们慢下来，我会给孩子们讲这个故事：有个招聘的测试题很坑人。它一共列出了30道题目。它们有点类似于文化常识测试题，内容包括列举三个欧洲国家的首都、做几道算术题、写出"OTAN""ONU"等缩写的全称……你越往后面做，就会发现题目越来越难，越来越离谱。最后，招聘大厅里出现了一件怪事：有些应聘者抱着手臂啥也不做，另一些应聘者在痛苦地奋笔疾书。其实陷阱在这儿：第一题的题目里写着"在开始答题前，请先阅读所有题目"。而第二十五题的题干里写着"只做前五题"。也就是说只需回答第二到第五题即可（因为第一题无须作答，只是要求作答者把全部题目读一遍）。我跟孩子说："你就属于那些会被坑的人，我承认我也是。"所以不要着急，必须慢慢地读，专注地读，读好几次，注意这些关键的细节——"画一个表格""勾出"等，并警惕关键词——"解释""描述""综述"等，照着题干里说的去做。从数学练习题、文本评论再到写作文，操作都是一样的。很明显，我们给出的答案应该与几天前或几周前学的课程内容有关系。

老师在撰写题干时也应该努力说清楚点，要承认有些答案是正确的，哪怕它并不符合预期。我就常碰到一些含糊不清的题目，比如"请在 A 点与 B 点之间画条线"。这和"用线连接 A 点和 B 点"不是一个意思。按照题干的字面意思，任何在 A 点和 B 点之间画的线，不论多长，都算符合题目的要求。同样，"将下列文字用阿拉伯数字写出来"的题目也可以这么回答——题目 A：Dix-sept，作答：18；题目 B：Onze，作答：12……[①]

怎样才能多捞几分

学校的评分体系是一个"完美主义系统"：老师从完美的满分（20/20）开始往下打，我们只能丢分。这种评分方式很打击人。其实应该学习高尔夫球的计分规则：每个人都有一个反映自身水平的"差点指

---

① 法语单词"Dix-sept"是"17"不是"18"，"Onze"是"11"不是"12"。作者的意思是，让学生用数字表达文字的题干其实并没有要求学生写出真正"对应"的数字。——译者注

数（handicap index）",新手球员比有经验的球员差点数更高[1]。根据差点指数给出的反馈,每个球员都能努力提升自我,并为自己取得的进步感到骄傲。而且,在打高尔夫球的时候,完美可能反而会让球员破财。因为如果一杆进洞,按照惯例,球员就得请大家喝酒[2],不管现场来了多少人。这种规矩能叫人恨上完美主义。为了应对这种"倒霉事",球员现在甚至还可以购买一杆进洞的保险。

小多向思考者不傻,他们知道只要达到平均分就可以不留级了。如果横杆的高度设在 5 米,那我何必白费力气往 10 米跳呢? 所以,他们的大脑会不自觉地瞄准一个还算凑合的成绩(11 ~ 12 分)[3]。考出这个分数让孩子们很沮丧,也让父母们发愁。老师则能敏锐地感觉到——这个孩子应该"可以考得更好"。其实,就像打高尔夫一样,我们可以东捞一点,西捞一点,优化自己的"差点指数"。以下是一些你可以教给孩子的窍门。

回到常规思维

学校的一大职责是培养集体归属感。我们不要求你特立独行,与此正相反,我们要求你遵守命令。你可以在个人生活中保留你的创造力和原创精神,但在学校里,你要做老师要求的事,不多做作业,也不少做作业,尤其是不能不做作业。记住,学校的规矩是在做下一题之前把

---

① 差点被用于衡量高尔夫球员的水平,根据一定的公式算出,差点数值越低,证明球员水平越高。差点数值不是不变的,而是根据球员表现不断更新的。通过纵向比较自己的差点数,球员可以观测自己的进步情况。另外,在使用净杆数计算成绩时,净杆数低者获胜。而净杆数=总杆数—差点,所以差点数值高者(新手球员)此时优势反而更大。总的来讲,差点机制有助于平衡球员的水平差异,让水平较差的球员也有获奖机会。——译者注
② 高尔夫球运动中的一种惯例,一杆进洞者需要买酒来庆祝自己取得佳绩。——译者注
③ 法国学校的评分制度为满分 20 分,10 分及格。——译者注

160

前面的写完，按顺序做完所有练习题。

不要想着标新立异

当你玩拼图的时候，所有的碎片都已经在盒子里了，现在你只需要把它们组装起来，形成一个严丝合缝的拼图就好了。老师并没有要求你自己参照已有的碎片制造出一些新碎片。如果一个拼图游戏需要你自己去猜测碎片是什么样子的，那它肯定难过头了！参加随堂小测和大考时，你不需要去杜撰新东西，只用老师在课堂上提供给你的材料去解题即可。如果你实在想要发挥自己的创造力，那你可以用已有的各种材料拼凑出一个答案，但要保证这个答案整体逻辑是顺畅的。不过你要知道，有些老师希望课上是怎么讲的，学生就怎么复述出来。在这种情况下，如果你答得很有创意就会丢分。

不要让老师不满

我再提醒你一次，要站在老师的角度思考问题。改一份乱七八糟、满面都是涂改痕迹、字迹难以辨识的卷子，真的很让人心累、恼火。生气的老师可能会下意识地打出偏低的分数。也许在他的打分标准里，书写整洁也占一分。要是把这分丢掉就太不划算了！所以，你要集中注意力，好好写，注意卷面整洁，哪怕这仅仅是出于对阅卷人的尊重。别用彩色笔答题。绿松石色墨水和紫色墨水确实很漂亮，但用它们写的字很难读。你可以留着在给朋友们写信的时候用。在学校里答题时，请使用白纸和颜色对比度较高的墨水，以避免给阅卷老师的眼睛造成不必要的压力。和我们一样，每个老师都有自己的小癖好。你要把它们找出来，在答卷的时候投其所好。如果你的老师在课堂上说："注意，这一点很重要。"你就该用荧光笔把他说的那段话涂出来，在下次考试时写给老师看。如果老师坚持要求你在左上角写自己的名字，或者把日期写在距离纸边两格的地方，你要照做，哪怕你不明白为什么。其实你做了也没有损失。老师有他的目的，也许他是想通过翻看左上角来快速找出某人的试卷。

小多向思考者缺乏学生意识。但是，如果他们能放弃自己的思考习惯，并接受新的思考模式（在听懂老师意思的前提下——这点很重要）的话，那么这种意识也是可以培养出来的。阅读完以上内容后，你将能教给小多向思考者一些技巧，让他能更轻松地理解各类指令。想必此类评价——"你明明能做得更好""太肤浅了，没用心，再多想想"以及老师写下的不明所以的"偏题"——将从他的作业和试卷中消失。

在孩子上学期间，你要反复念叨："想想那些显而易见的答案！""把你从课堂上学到的说出来！""解释你的推理过程！""不要太刨根问底！"

一旦孩子们不再为指令的表面形式所迷惑，他们就能更好地进入学习状态了。

如何用功

我曾在某高中为毕业年级办了好几年"备考期压力调节及个人规划"讲座。在做个人辅导的时候，我也向来访者传授了很多这方面的技巧。算下来，我跟250多位学生讨论过这个话题。

培训一开始，我会说："'在学校要用功学习''不用功就拿不到好成绩''你不够用功'，这些话你们的父母和老师已经说了很多年了，是不是？"孩子们都露出了羞愧沮丧的表情。我接着说道："但是'用功'这个词到底是什么意思？它意味着什么呢？"我提的这个问题可能会让家长和老师大吃一惊，但每次我发出此问之后，学生们都不知道该怎么回答。由于成年人对"用功"的意思心知肚明，他们会忘记花时间详细地解释给孩子们听（"收拾房间"这个概念也是如此）。其实小孩子对这个词的意思一知半解。我认为，那些知道"用功"是什么意思的孩子，并不需要来参加讲座。然而实际上，有很多年轻人并不知道自己需要做什么。所以，你也有必要先和你的孩子确认一下他是否真的知晓这个词的含义。

我的讲座以回到这个基础概念为开场。"用功"的意思是：

1. 参照课堂笔记、教材和老师发的打印材料，认真复习上课讲的内容，这花不了很多时间。

2. 总结课堂知识，记忆它们。你应该把某些关键词、数字以及数学公式背下来。

3. 做练习题（如果有的话）。

4. 你可以开展进一步研究，补充和拓展已学内容。

就是这样，完了，句号。如果你已经理解并掌握了知识，而且做完了练习题，那么你的任务就完成了。学生们瞪大了眼睛："这就完啦？""对，这就完了，你以为呢？"从某些学生的表情里我能看出来，他们之前把一切都想复杂了，在他们眼里，"用功"好似一座大山。现在这些孩子放松了许多，虽然他们同时也有些失望——因为大人的要求就这么简单。借着这个机会，我"狡猾地"补充道："所以上课时你应该集中注意力而不是做白日梦！因为你在课堂上注意力越集中，你复习的时候也就越容易，你回家就有越多时间做其他事情！"如果孩子是多向思考者，那么只要他能保证效率，完成家庭作业就占用不了他多长时间。抱着理解并记忆的目的在课堂上认真听讲，这对于小多向思考者而言就足够了。不认真听讲是他们的损失。

接着，我们开始讨论"如何记忆学过的内容"。我逗他们说："你们谁打过小抄？知道小抄是什么吗？"他们处于戒备状态，什么也不肯说，只是互相望了望。我穷追不舍："你们已经不说'小抄'了吗？那现在你们怎么说，'小字条'还是'夹带'？来嘛，现在老师和家长都不在，你们可以跟我坦白，我不会泄密的。"敢在这个时候举起手来的学生很少，至于其他学生，他们脸上的笑容其实已经暴露了他们的心声。我继续补充："不知道你们发现了没有，其实打了小抄之后，你们在考试中就不用再去看它了，因为你们已经记下来了。"他们一脸惊讶，我知道我说到点子上了。这下，连那些刚才没举手的孩子都承认了："对，真的，我甚至都不需要把它从我的笔袋里掏出来，因为我能记起抄了什么。"我开心地跟他们讲："是的，就是这样！我们怎么把学的内容给记下来？通过总结。所以，做'小抄（复习索引卡）'吧，但是请注意，我说的是'做小抄'，不是'在考试时打小抄'。"我顺便提醒了他们，相较于认真学习，费劲作弊所耗费的时间和精力更多。比起把内容记下来，打小抄更麻烦，给人的压力更大。然后我向他们讲解了做学习总结的技巧。

在复习索引卡上，不应该写任何完整的句子，不要包含任何变位动词，这上面只有一些"标签"，比如某份资料的名字，我们循着标签能回想起其对应的内容。一张做得很好的索引卡应该很像一个大纲，分了很多章节，各小节就是各个知识要点。大脑要记下来的就是这张大纲的图像。给复习索引卡上色很重要，因为由此产生的视觉效果会更强烈。索引卡（也被称为思维导图）对复杂思维者效果更佳。训练孩子们使用思维导图有很大好处，因为它与多向思考者的树状思维相当契合。网上有些完善、详细的制作教程，电脑和平板上也有思维导图软件。有些来参加我培训班的人就会用思维导图做培训笔记，他们驾轻就熟的样子给我留下了深刻印象。最后做出来的成品卡片美观有趣，色彩丰富，还配有插图，知识也总结得相当到位。做索引卡应该按科目来，课程的每一章内容对应一张卡。备考期间，我们把所有科目的索引卡汇集在一起，计划好考前每天看几份。如果我们在整个学年里都能坚持做好索引卡，那么复习它们就够了。要是开始得够早，复习的耗时就能被控制在一个合理范围内。这么做可比拖延着不肯复习，然后临考前痛苦无比好多了。孩子们还要学会如何合理规划时间，明白自己有权在学习之后进行娱乐放松。所以，父母们，别再整天跟孩子念叨着家庭作业了。

如何保持专注

让 - 菲利普·拉夏（Jean-Philippe Lachaux）在《大脑走钢丝》（*Le Cerveau funambule*）一书中，以妙趣横生的方式向我们解释了注意力是如何运作的。其实，不论采用何种思考方式，人都不能完全集中注意力。神经科学研究指出，我们的感官一直都警戒着，确保我们处于安全的环境中。我们的感觉系统常常在"巡察"，而我们本人并没有意识到——嗯，没有烧焦的气味或者野猪的气味，没有地震，没有动物在嚎叫，目力所及的范围内没有危险，好的，一切正常。当我们身处稳定安宁的环境中时，巡察系统也在自动运作，只是并没有惊动正在专心做事的我们。街上驶过了一辆电动车？我听见了，我对这种噪声并不陌生，这是我已知的声音。只要它不要在我窗前停留太长时间，我都不会被打扰到。让 - 菲利普·拉夏使用"微观认知"（micro-cognition）一词来称呼人体在集中注意力的同时为戒备周边环境而做出的细微调节。课堂上的情况更复杂。由于有很多信息需要处理、吸收和调节，因此保持专注很难。如果那个叫瓦伦丁的男孩儿此时在我眼前做鬼脸，我就更难集中精神了。现代生活中有很多难以避免的扰动，比如手机收到短消息的"叮"声。我不可能像看苍蝇飞过房间那样，只用一瞥就扫完新的短消息。为了知道来信的内容（重不重要？严不严重？紧不紧急？），我必须去读。这么做真的会让我难以集中注意力。同样的道理，如果孩子想高效地用功，我们最好让他关掉提示铃声，不让他和朋友们在网上聊天。要是孩子不高兴，你要告诉他，如果他能在做作业时更专心、更高效，那他就能赢得更多可供他自由支配的时间。倘若他抗议，说自己有一颗复杂的大脑，能同时做很多事情，你可以建议他边学习边听音乐。哪怕是听节奏感极强、让人兴奋的音乐，也比在网上聊天产生的干扰小，我们可以把音乐当成一种听觉利他林。

还有另一个让人分心的东西。让 - 菲利普·拉夏把它叫作"PAM"[①]——"立即行动指令"（Proposition d'Action Immédiate）："我必须给卡罗莉打电话！见鬼，我还没交税呢！好了，我要喝杯巧克力……"就像邮箱里收到的垃圾邮件一样，这些萦绕不去的念想会让人从手上的任务中分心。在这些"PAM"里，不乏有让你去做别的事情的提议，比如"你看了很久书了，去散散步怎么样"。因此，我们需要不断地重新做决定，是要继续做手头的任务，还是干别的。我们得时时重新确认"继续"选项，注意力才能一直集中。以下窍门可以解决这个难题：

●当"PAM"闪现时，把它们记下来，这样就能摆脱纠缠了。如果不这样做，那它们只会挥之不去，越来越顽固。待办清单法（to-do list）万岁！

---

① 垃圾邮件缩写为"SPAM"，和"PAM"有相似之处。——译者注

- 把你要做的任务切割为平均耗时 10 分钟（最多半小时）的子任务。小体量的任务很容易就能让你决定继续下去，并坚持到底。
- 做完一个任务以后再开始下一个。源源不断的成就感能让人斗志满满。
- 永远都从最不喜欢做的事情开始做。做完以后，你会觉得自己已经摆脱了最烦人的东西，之后就会好很多了。
- 如果用智能手机看时间，你必须打开手机才能看到。在视线范围内放一个时钟更有助于你管理时间。

如何记忆

小多向思考者掌控不了自己的记忆过程，学不会死记硬背。他们的记忆是联想式的，对他们而言，记住一个东西的最好方法是把它和其他知识联系起来。幽默联想法就很有用——"你历史课学了鸡脖战争吗？哦不是，我想说的是希波，希波战争。"孩子在哈哈大笑之余就能把希波战争牢记于心。

图像、比喻、儿歌也很管用。我那当过小学教师的父亲，就有很多能帮学生记住语法和拼写规则的小口诀。我很后悔没把它们全记录下来，但有几个我还记忆犹新。比如，"动词 apercevoir 如果写了两个 p，那你一定是喝多了"以及"nourrir（喂食，吃）有两个 r 连着，因为我们每天都吃饭，但是 mourir（死）前面只有一个 r，因为我们只死一次"。

2018 年世界杯以后，多亏了球员姆巴佩，一种新的记忆口诀诞生了：字母 m、b、p 前不会出现字母 n 的规则可以记成"不恨姆巴佩"[1]。

---

[1] "恨"是单词"haine"，代表"n"，姆巴佩代表"m""b""p"。——译者注

任何联想办法，只要孩子能建立起联系，都可以用。你也可以鼓励他自己编："你能不能想个办法把这个彻底记下来呢？"

　　在瑞士小学办讲座的时候，我没时间给孩子们讲完这些小窍门。但是，只要认识了自己的大脑，知道了自己与众不同，孩子们就能够开开心心地上学了，他们的成绩也会有所提高。在本章提及的记忆技巧中，有些是适用于所有年龄段孩子的（从小学一年级到高中毕业班）。

　　我写的这些东西给小孩子解释起来并不难。你可以给他读本章里的一些段落。他能越早地理解学校的教育机制，那他的在校生活就能变得越容易，他也就越不容易泄气、感到挫败或者恐惧学校。希望你看到这本书的时候还不晚。

Chapter XIII

如何跟学校和老师沟通

现如今，"学校恐惧症"这个词越来越常见。学校恐惧症其实由来已久，只不过倒退回50年前，治疗这种恐惧症的办法是耳光、脚尖伺候。当时，孩子们心灵无处可依，他们唯一的出路是逃学、被狠狠地惩罚，然后早早地被送去接受职业技术教育。但这并不能彻底地解决问题：环境变了，但生活仍然艰难。被霸凌、被捉弄、被拳脚相加是孩子成长的必修课。很多孩子受尽苦难，但他们的处境却无人关心。今天，孩子们的心声能被更多的人听见了，这可谓是一个巨大的进步。我曾为带教师傅们[1]做过讲座，他们希望知道为什么现在的年轻人对学技术不感兴趣了。情况正在发生变化，学徒们不再坐以待毙。他们敢于揭露自己在职业实习中遭遇的侮辱和欺凌，敢说走就走。孩子们害怕自己遭受虐待。其实，在上传统学校和当学徒之间，我们还有一条中间道路可以选择——"乡间居所（Maisons Familiales et Rurales, MFR）"[2]学校。我常

---

① 法国学徒制教育中负责引导学徒的专业导师。——译者注

②"乡间居所"是一种与传统学校不同的民间教学机构，具有社团性质，规模很小。它重视传授学生专业技术，要求充分关照每一个学生，帮助有困难的年轻人融入社会。简称"MFR"中的M（Maison）代表着集体生活，F（Familiale）代表着由家长们负责运营，R（Rurale）代表着该教学机构位于乡下。MFR的办学口号是"另辟蹊径（Réussir autrement）"。——译者注

与之展开合作，写到这里，我想向 MFR 致以敬意。采取另一种教学方法的它好心地接纳了无法接受普通教育的孩子，拯救了大量学业失败的年轻人。

学校恐惧症是一种强烈的恐慌情绪。孩子一想到要去学校，这种恐惧感就席卷而来，让孩子动弹不得。患有学校恐惧症的孩子在学龄儿童中占 1% ~ 2%，在儿童精神科医生接诊的孩子中占到了 5%。患这种恐惧症的孩子会因为一些看起来莫名其妙的理由而拒绝上学。要是大人们试着逼孩子去学校，那孩子就会表现得很焦虑、惊慌失措。他们的情绪将会躯体化——肚子疼、呕吐、抽搐、头晕……孩子不是在任性妄为、突发奇想，也不是疯了。学校恐惧症是负面情绪累积到临界点之后的爆发。一堆潜在的问题共同导致了这种恐惧的产生，最后发展到无可挽回、彻底堵死的地步。在职场上，遭到霸凌后的员工会出现同样的问题。某一天，那个被霸凌的人再也无法逼自己回来工作了，因为他已经压力过载，他的身体在对工作说"不"。他的大脑没办法再说服身体克服恐惧。你可以把患有学校恐惧症的人和对蛇或蜘蛛有恐惧症的人做比较——你告诉他们不必害怕，跟他们讲道理，说这些动物不会伤人，但这根本没用，他们什么也听不进去，会立刻溜之大吉。

就在我计划写这一章的那天早上，巧合又出现了——我 Facebook 上的朋友分享了一则故事：在上班途中，她看到一个小学三年级的女生在她学校门口的街上晃荡。这个迟到的孩子很怕她的老师会凶她，所以她不敢进学校。我的那位朋友说她牵起了小女孩儿的手，去见了学校校长。她对校长说，老师给孩子的压力太大了，孩子都吓得走不动道了。况且，迟到是因为家长没有规划好送孩子的时间，让孩子来挨骂是不公平的。希望校长能把这些话听进去吧！如果这位朋友不介入进来，小女孩儿未来可能会发展出严重的学校恐惧症。因为家长不守时（我认识这种家长！），小女孩儿一学年里每天都要承受老师的施压，她的身体将难以负荷。

学校恐惧症的成因主要有以下几点：

● 缺乏意义：孩子觉得学校里的一切都很不合理。
● 同学、教师或者家长给孩子造成了太大的压力。
● 孩子和同龄人关系紧张，甚至很有可能正在遭受霸凌。

那么，该如何治愈学校恐惧症呢？答案是让上学重新成为一件有意义的事，减轻孩子的压力，杜绝霸凌行为。

重拾意义

之前我们已经聊到，要想让小多向思考者学习，就必须让他们知道学习的意义所在。学校有什么用？我们该怎么给出令人信服的答案？希望你跟孩子说的话不要前后矛盾。我给青少年的家长开会时，打过这样一个比方——你想象一位父亲在点评电视上的球赛，他说："呸呸呸，足球只有傻子才玩！穿着短裤和长袜追着球满场跑，这些踢球的可真是些大聪明啊！裁判都是些腐败的混账！只要给钱，他们就能硬说犯规了，然后罚点球。再看那个教练，活像个黑帮流氓，他肯定靠出卖球员赚了不少油水！"然后父亲转过身来对着儿子讲道："哦，顺便说一下，我已经帮你报名了社区的足球俱乐部，爸爸希望你能成为球星站上巅峰！你懂吗，儿子？"

你不觉得这位父亲有点矛盾吗？倘若他对每场球赛都嗤之以鼻，

那他儿子怎么可能专心训练呢？然而，我们家长恰恰也是这么做的。我们一面批判学校、老师和课程，一面又要求孩子取得好成绩。一些家长还把自己的校园经历当成笑话来跟孩子们讲，说自己上学的时候是后进生，数学奇差，或者能把哲学老师气得火冒三丈。希望家长们一定要注意，说话的时候不要自相抵牾：

- 如果你认为上学是孩子长大成人要走的必经之路，那就不要诋毁学校。不管这所学校是好是坏，它总是能起些作用的，它可以引领孩子走向未来。
- 要么我们换条路：有采用其他教学方法的学校可供我们选择；孩子可以通过法国远程教育中心（CNED）学习；你甚至还可以自己办个学校，办学校没你想的那么难。

接下来我们来谈谈，为了鼓励孩子学习，家长应该对他讲些什么呢？

如何减轻孩子的压力

患有学校恐惧症的孩子承受了过大的压力。心理压力将导致人体分泌皮质醇和肾上腺素，一旦过量，这些激素就会毒害身体，所以到了某个时候，身体会主动说"不要"。心理学中的交流分析理论派（Analyse transactionelle）总结出了五大压力驱动因素，它们是来自我们内心的紧迫需求——"你要完美""你要坚强""搞快点""要发愤图强（付出很多努力）"以及"要取悦别人"。这五大驱动因素正是学校恐惧症患者身上那股巨大压力的实质所在，是它们激发了压力。我们之前已经谈到了要避免完美主义、简化指令，以及做好情绪管理，现在我们该来谈谈"搞快点"和"取悦别人"了。

在教育领域，"搞快点"是一个有毒的句子。它会让孩子产生心理障碍，阻止他们思考。你可以数一数你在一天中会对孩子下意识地、毫无道理地说这句话多少次，然后再数一数孩子不起来、愣着不动多少次。在现代生活中，紧迫感真的是一种病，莫名其妙又具备传染性。你应该对情况做出预判，给孩子留下更多的余裕，不要施压。

你也该把"取悦别人"开除出你的词汇表，因为它代表着一种情感绑架。"如果你喜欢我，你就该喜欢大蒜"，这句话是保罗·瓦茨拉维克（Paul Watzlawick）所著的《如何让自己不幸》（*Faites vous-même votre malheur*）中的一个章节标题，也是他列出的让自己倒霉的小技巧之一——当一个人为了取悦他人而行动时，他就放弃了完整的自己。孩子不应该通过吃光盘里的食物或者假装过得很好来讨好和安抚父母。一旦他们摆脱了虚假自我和对他人的过分迁就，小多向思考者就不会再病态地在乎"要取悦别人"的指令了。但是孩子仍然会非常重视感情，他想让自己的亲友们开心。而且这些孩子能够靠自己的情绪天线和发达的同理心捕捉到家长的情绪以及期望，哪怕你并没有把这些表现出来。孩子很擅长探知你的焦虑和失望，所以我说你也要注意自己的情绪管理。

消解孩子压力的最后一点建议：你别把学校和分数看得那么重。孩子不是行走的成绩单，和他聊天时不妨多找点别的话题。

教师最好也别再用施压、羞辱和威胁的办法来激励学生了。很多中学生跟我提起过某些老师平时的言论，这些老师应该感到羞耻。我很清楚，这些话如果被录下来，他们担不起这个后果。试问，如果孩子听到别人评价自己一无是处、前途黑暗，那他怎么可能会有去上学的欲望呢？

建立家校合作

如果家长和学校之间的合作不够紧密，那么校园恐惧症和校园霸凌问题是不可能得到解决的。为了家校能够合作无间，双方都应该拿出成年人应有的样子，对另一方表示尊重、友善相待。

在前几章中，我曾大力劝说家长和孩子为老师着想。而现在，我想请老师们谅解家长。我在引言里提到了一个从我讲座中获得启发的小学老师。你还记得她说的话吗？——"另外，讲座也改变了我对学生家长的整体认知。以前我也和很多老师一样，总是指责孩子的父母。但今晚我发现，其实家长们也处于手足无措的境地，他们明明满心盼着孩子能一切顺遂（无论是在家还是在校，另外，要让孩子在家里听话挺难的）。还有些家长认为自己完全理解了孩子，希望老师们也能和他们一条心，但这些家长并不总能找到与老师沟通的正确方式……（当然，身为老师，我们有时也没能好好接待他们……）"

以下的办法可以让老师们理解家长的难处：

进入学校往往是孩子走向成功的必经之路。孩子在学业上遇到困难、不合群时，父母们忧心忡忡。学生和家长面对着巨大的挑战，因为这事关孩子未来。但是，就算学校再怎么好心、再怎么关照学生，它们对孩子的上心程度还是无法与孩子的父母相提并论。那些担心自家孩子在学校受苦的家长，承受着极大的压力。父母（尤其是母亲）有保护自己孩子的生理本能，因为我们人类是哺乳动物。你想象一下，如果一只雌性德国牧羊犬看到自己的小宝宝被欺负，它会无动于衷吗？它会礼貌地上前请求对方别再折磨自己的小孩儿了。然而，学校却要求家长始终保持得体的样子！当然，家长还会联想到自己当学生时所受的苦，这也是他们压力的源头之一。不过，家长所承受的绝大部分压力无疑都来自他们把保护"幼崽"的职责交给了另一个人，而那人好像不太在乎这份职责。老师越是掩盖事端、否认学校教育存在问题，家长就越会恐慌。

在《划船者的复仇》（*La Revanche du rameur*）一书中，多米尼克·迪帕涅博士提到了病人们通过第二代互联网（Web 2.0）自救的故事。面对病魔，病人不再坐以待毙，他们查阅文章，收集讯息，在论坛上交流、提问、分享情报，并评估治疗方案的效果。网络促进了资源共享，集体的智慧大放异彩，远胜于单打独斗。多米尼克·迪帕涅认为，经过互联网"赋能"的病人比最顶尖的专家更了解自身的病症，但这也引发了主治医生的不满和病人的失望。我认为多向思考者家长们面临和病人们一样的问题。家长为解决孩子的问题而积极求索，广泛地搜索资料、查阅文献。一个被"赋能"的家长只有一个念想：希望信息能流通起来，造福大家。如果家长向老师推荐了《替代教育法傻瓜式入门指南》（*Les Pédagogies alternatives pour les nuls*），这当然不是为了表达"老师你可真是个傻瓜啊"。这本书简明扼要地做了总结，家长只是希望老师能通过阅读这本书了解替代教育法而已。

我自己并不擅长社交。认识我的人都说我"直率，说话做事没分寸"，他们还挺欣赏我这一点的。在《帮助孩子拥有美好校园生活》（*Aider son enfant à bien vivre l'école*）一书里，儿童心理教育学专家布鲁诺·洪贝克提供了不少可以帮助家长和老师建立良好合作关系的窍门。他列出了一份清单，包括尤其不该说的话和该说的话（说了就坏事的话和能起补救作用的话）。一言以蔽之，家长不该对教师的工作指手画脚，教师也应该避免评价学生的家庭状况。家长和老师都要控制住自己的疑心病，别忘了你们中间还隔着一个一想到要去上学就肚子疼的孩子。

退学，没什么大不了

教育是必需品，但学校不是。如果你的孩子接受的是与别的孩子不同的教育，但他也能达到同龄人应有的知识水平，那么教育监察部门也为难不了你。孩子可以通过法国远程教育中心上课学习。如果你能按着教育部的课程大纲走，那你甚至可以自己在家里办学校。

倘若我们把当下这个暴力的、有缺陷的学校教育系统和小多向思考者的敏感程度以及智力水平摆到一起考虑，我们就不难理解为什么孩子会有学校恐惧症了。以前的教室里安安静静，适宜学习，能让孩子分心的感官干扰很少。塞利娜·阿尔瓦雷斯就成功地在她的教室里打造出了这种氛围。世上没有奇迹，她靠的是扎扎实实的努力：让孩子少接触些电子屏幕，少吃点糖，少摄入添加剂，多睡会儿觉，要求孩子讲礼貌并开展一些有趣的活动。这些已经足以让孩子们平静下来了。而在今天，一间教室带来的往往是无尽的感官侵扰。去学校给毕业年级的孩子办讲座时，我发现这里的氛围一年比一年差。去年，整个教室就像一个闹嗡嗡的蜂巢。学生们好像都很亢奋，这场面简直就是小多向思考者的噩梦。

我们之前谈了很多让"非典型儿童"融入学校的方法。但就我个人而言，我并不能肯定地说融入学校就是最好的解决之道。在为资优儿童定制的特殊学校里，小多向思考者能发展得更好。而在公立学校中，几乎所有与众不同的孩子都会被那些讨嫌的同学们霸凌。我儿子上小学的时候，学校里有一个视障孩子班级。学校里的其他孩子欺负这个班上的孩子。视障孩子的家长一直试图引起老师们对此事的重视，但学校却回应说，这些家长是因为孩子的身体有缺陷而保护过度、担心过度了。直到有一个视障孩子被打得卧床两天以后，学校才把家长们好几个星期以来的控诉听进去。虽然学校为自己设有视障学生班级而扬扬得意，但实际上，学校并没有提出任何专门的举措来帮助孩子们认识自身的不同，接受自己的残疾。

很多人认为孩子不去学校会出大问题。然而，取得成功和在学校里拿到好成绩可能并无必然联系，后进生成为大人物的例子比比皆是。你知道爱因斯坦 15 岁时被学校开除过吗？另一个很讽刺也很矛盾的事情是，法国的前教育部部长吕克·费里（Luc Ferry），他的高中课程是在家通过远程教育中心完成的。

孩子不上学的话，家长们最担心的是他会感到孤独。但是，还有什么比被一群不理解自己的人包围更让人感到孤独的呢？小多向思考者往往能和成年人相处得更好。进入青春期以后，他们和普通孩子在兴趣和智力上的成熟度差异会更加明显，他们往往都觉得其他同学很蠢（虽然小多向思考者不太敢明说）。如果可以待在家里，不再受外界的嘲讽和攻击，孩子的内心也能获得安宁。

任教于美国科罗拉多州立大学的动物科学教授、蜚声国际的动物科学专家天宝·格兰丁（Temple Grandin）博士是一名自闭者。在她的书《社交潜规则——以孤独症视角解析社交奥秘》（*Comprendre les règles tacites des relations sociales*）[1] 中，她这样谈道："现在的初高中比我那时候的复杂多了……如果我们能让他们离开这个让他们倍感压力的环境，允许他们在一个更单纯的环境中接受远程教育，想必很多年轻的

---

[1] 见参考书目。

自闭者会过得更好。为了调节与日俱增的压力和焦虑情绪，这些身处恶劣环境中的孩子会耗费自身巨大的精力，他们无法把这股精力有效地投入到课程中去。而且，与其他青少年建立社交联系的能力等他们成年后其实就用不上了。"我认为天宝·格兰丁的建议同样适用于大部分小多向思考者。这些孩子往往没有成年人所想的那么需要陪伴。如果孩子能参加课外文化体育活动，如果你常带着他拜访你的亲朋好友，那么孩子其实并不会缺少与他人进行交往的机会。

你也知道，孩子在学校很无聊，教学的节奏对他而言太慢了，他要浪费多少时间才能等到其他同学理解一个概念啊！如果能配备一位远程教师，那孩子就可以按着自己的学习节奏来，用节约下来的时间做点他真正感兴趣的事情。问题就只剩下看护孩子和管理学习进度了。注册进入国家远程教育中心的孩子可以选择价格不菲的私人课程。当然，我们也有别的办法，就是和其他情况相似的多向思考者家长轮班。举个例子，如果你能组织起5个不去学校的孩子，那么就有10位家长可以看管这群孩子，每半天换一位家长。或者几个家庭雇用大学生来看护和监督这个小团体。跟着远程教育中心学习的话，学习进度会更快。孩子一起上课的时间不妨集中安排在早上，或者一周内抽出三天来上课。

你还可以选择在家办公，和孩子待在一起。远程办公模式在法国也是方兴未艾。法国已经通过了一项法律，员工申请远程办公更容易了——"远程办公的员工应用各种方式（口头、信件、邮件等）向上级表达自己的意图。上级同样可以用各种方式（口头、信件等）给出批准。如果员工的请求遭到拒绝，上级应该说明理由。"[1]

---

① 法律内容网址：https://travail-emploi.gouv.fr/droit-du-travail/la-vie-du-contrat-de-travail/article/teletravail-mode-d-emploi.

最后，离开学校的孩子也可以重返学校。在家待了一段时间以后，如果孩子考虑清楚了、状态好转了，他也许会想要回到学校。

你可能会觉得我在这章给退学好好打了一通广告。其实我写这些有双重目的：首先，让退学显得不那么恐怖，不为你增添无意义的压力；其次，这也是为了保护那些受霸凌的孩子不自杀。就我的辅导经验来看，学校恐惧症基本都与霸凌有关。这种恐惧实际上是一种有益于孩子的求生本能。

Chapter XIV

如何避免被霸凌

　　校园霸凌这个主题值得用一整本书来讲，它应该被讲了又讲，直到人们转变看法为止。大家必须客观地看待此事，尤其要避免传播一些荒谬的偏见。好，现在让我们一起来总结一下这个问题吧。

　　霸凌无处不在。它从小学开始发端，很轻松地就延续到了初中、高中、大学和军队里（欺负新兵等）。职场和家庭中的霸凌现象也非常严重。在老人院里，霸凌老年人与虐待老年人相伴而生，这被视作一种极其龌龊的行径。冷漠或者不知情的人们纵容了霸凌者，导致这些施暴的人基本都逍遥法外。

　　由于霸凌从小学就开始了，所以在这个阶段，社会必须尽最大努力遏止霸凌，让正在成长中的孩子们掌握健康的、有效的、温和的沟通技巧。

　　如果不这么做，等着我们的就会是一系列的负面影响：霸凌受害者将被污名化（都怪他自己太脆弱了，弱小是一种罪）；由于没人惩罚霸凌者，霸凌者获得了鼓励和认可，为所欲为；旁观霸凌事件的班集体习惯了消极应对；家长则传达给孩子一种模糊、矛盾的信息，即暴力可能是合理的，因为家长自己也时常通过行动证明这一点；由于教育者和政府的法定代表矢口否认、无力整治暴力事件，人们会觉得法律并不是定下来让人遵守的，因此也不会再寄希望于国家能保护它的公民。

青少年遭霸凌后自杀的事件越来越多，校园恐惧症案例层出不穷。我们还要继续无视这个问题吗？霸凌不只是孩子之间的事，成年人也脱不了干系。所有成年人都和它有关：家长、老师、学校领导、教育督察人员和教育部部长。这可不是简单的"小伙伴们在用拳头解决他们之间的问题"。其实，只要多努力一点点，我们就能防止霸凌蔓延。

清白、负责任的学校

学校应该无条件地对校内学生的心理状况负责。若一个学生每天害怕上学，学校是不能坐视不管的。但是，我们也不要把情况太理想化，孩子的校园生活不可能一帆风顺，学校也不是游乐园。因此，孩子上学时肯定会有情绪波动，有些日子心情好，有些日子心情糟。但学校方面应该注意让学生情绪的起伏保持在一个合理的范围内，不要让坏心情成为一种常态。学校要倾听孩子的心声，提供帮助和庇护，以免孩子最后陷入绝望、恐惧和愤恨之中。

霸凌是由学生实施的，主要发生在校内场所中（虽然它也可能蔓延到网络上或者校门口），所以应该只能由学校来解决这个问题。如果学校不承认有霸凌事件，问题就无解了。因此，教师和学校管理层必须承担起全部的责任。为了履行好这份职责，校方应该添置设施，让相关人员接受培训。解决霸凌问题其实没那么难，但它要求大家对霸凌机制形成一个全面的了解，并选用合适的解决工具。

为了能消灭霸凌，我们要做的事情还有很多。比如，现在也不乏教师遭到霸凌的事件。倘若老师自己被学生欺辱、威胁和攻击时都不敢跟学校领导说，那让这些老师来处理学生之间的霸凌就显得很可笑了

（还记得推特上的那场"# 息事宁人"运动吗？[①]）。

灭火要瞄准火焰的根部。从小学起，我们就该教导孩子学会相互倾听、相互尊重。如果在小学时期大人就能将正确的人际交往方法传授给每个孩子，那么中学校园也会随之变得更加安全和舒适。我们何不一起努力呢？

单人霸凌

从前，有一位员工被老板骂了。他怒气冲冲地回到家，找了个借口吼了他的老婆。他老婆气愤地给了他们的儿子一耳光，没过多久，他们的儿子去踹了小狗一脚。为了排解内心的不快，每个人都会抽刀挥向更弱者。故事的结尾是小狗最后把骂人的老板给咬了，但是现实中这事发生的概率极小。霸凌他人其实是一种即刻发泄负面情绪的简单方法。而一旦霸凌被禁止，那么我们就会换个办法，寻求更合理的放松途径。

以下是两个校园霸凌案例。

令我感到无比羞耻的是，第一个故事和我有关。在读小学三年级的时候，我无缘无故地开始羞辱和嘲讽班上的一个女同学。这个女孩儿从不在学校食堂吃饭，放学后也不留下来写作业。她妈妈每天早上、中午和傍晚会出现在学校来接送她，下午四点时还会带着甜酥点心在门口等她。我嘲笑她妈妈的这番柔情，说这个女同学是她妈妈的"心肝宝贝小甜甜""小乖乖"。后来没过多久，这位同学就跟我说她妈妈想和我谈谈。我并没有意识到自己之前是在霸凌同学，于是毫不犹豫地就走到了

---

① 原文直接使用了推特上的一个标签 "#pasdevague"（相当于"# 息事宁人/风平浪静"）。2018 年，一个法国中学生用假手枪威胁老师修改出勤记录的实拍视频走红网络，引起轩然大波。教师们纷纷在社交网络上分享自己的相似遭遇，称在被学生威胁或伤害后，学校领导不作为，反而要求他们息事宁人。发声者众多，他们的推文会带上该标签。——译者注

校门口。结果她妈妈用冷静而坚定的语气教训了我一顿。她说我最好别再找她女儿麻烦了，不然她就通知我的老师和家长。我蔫了，就此收手。放弃了这种发泄负面情绪的错误方法后，我想明白了，自己当时其实是在嫉妒这个被妈妈宠爱的女孩儿。因为我每天要在食堂吃饭，要留下来写作业，我妈妈从来不到校门口来接我，我也没有美味的小点心可吃。我很清楚那位同学拥有着什么：她妈妈就和我想象中的妈妈一样完美，而且她还成功地从校园霸凌中保护了自己的孩子。

第二个例子性质更加严重。这个故事是我的一个来访者跟我讲的，他提起这事时很是羞愧和自责。在他还小的时候（大概也是小学三年级的样子），他霸凌过自己的同校同学。这个被他欺负的孩子平日里表现迟钝，非常孤僻。我的来访者在放学回家的路上故意绊倒这个孩子，还打他的头。后来，他欺负这个孩子欺负得越来越勤，力道也越来越大。霸凌成了一种难以抑制的冲动。有一天，他踹了对方一脚，对方倒在地上不省人事。见状，他惊慌地逃离了现场。当时并没有目击者，那个昏迷的孩子后来再也没有回过学校，霸凌者也不知道他现在怎么样了。霸凌者内心备受折磨。他来我咨询室的时候已是年届四十，这个沉重的精神负担仍压在他心头。他确实有罪，但我也想问问：当时应该出手保护那个弱小受害者的家长又去了哪里呢？怎么没有成年人出来阻止霸凌者呢？这个霸凌者可没我那么幸运。还是7岁小孩儿的他被放任自流，他又怎么可能独自战胜自己内心的恶魔呢？

这两个例子证明了，那些说成年人介入霸凌问题会让事态变糟的人是错的。霸凌发生后，听之任之才更危险。

集体霸凌

接下来我们谈谈集体霸凌发生的原因。

在所有集体中都有支配者和被支配者，我们人类群体和其他哺乳动物群体（老鼠、猩猩等）都是如此。虽然人类老喜欢说自己已经开化了，但人类的集体行为模式仍旧是远古时期那一套。和自己的灵长动物表亲们一样，人类社交的根基是支配关系和权力博弈。如果不接受教育，其实人类和猩猩没多大区别。

集体霸凌是由管理不善直接导致的。一个没有领导管束的集体会指定一个替罪羊（也被叫作"集体的负面整合者"）来调节集体自身的情绪。被霸凌者就好似一根避雷针，帮助释放集体内部的压力。职场上也存在同样的机制：如果领导没有发挥引领、约束的作用，那么部门内部的人会通过霸凌同事来发泄怨气。倘若领导能够重新负起责任来，部门里的紧张氛围和冲突就会消散。在一个被积极的领导者所约束的健康集体里不会出现霸凌事件，因为恶劣行径会立即遭到来自集体内部的惩罚。领导应该起到保护者和联合者的作用。而在学校里，该起到领头人作用的则是老师或者校长。如果他们能履行好自己的职责，那么未来的领导者们（孩子们）也会变得友善，愿意保护弱小。教师该如何调节班集体内部的压力呢？我稍后会谈到这一点。

网络霸凌

网络霸凌是伴随着社交网络诞生的新兴事物，虽然由来并不久，但它的破坏力已经初步显露了出来。在很多时候，网络霸凌是校园霸凌在网络上的延续，霸凌者都是被霸凌者现实生活中认识的人。此时的网络就像一个共鸣器，增强了校园霸凌的破坏性。但有些时候，情况正相反，是网络上的交往导致了霸凌产生。因为孩子比较天真，他们会毫无顾虑地给出自己的名字、就读的学校和所在城市信息，此时网络霸凌就可能会转化为现实中的欺辱。但是这种情况比较少见。

把网络看成洪水猛兽、禁止青少年上网其实没什么作用。在你不知道的时候，孩子按几下键盘就能造一个你认不出来的新账号。由于他隐瞒了自己上网的事情，你们这时也无法开启对话。所以，最好的办法是指导孩子合理上网。如果孩子知道怎么正确利用网络、怎么好好保护自己，那么社交网络也能变成一个好东西。现在就跟孩子谈谈上网这件事吧。

以下是几条建议。为了避免孩子在网上"踩坑"，你应该这样跟孩子说：

- 认为自己能在网上保持匿名、不透露隐私的想法是完全不现实的。你发布一些东西的时候，就好比你正在公共场合里大喊大叫。哪怕是过了 10 年，别人还是能把它翻出来。所以，在网上发帖、发照片的时候一定要三思而后行。
- 最糟的是你可能会碰上"艳照复仇"——你的前任也许会在网上发布你的不雅照片和视频。被复仇者往往都被毁得体无完肤。最便捷的防范方法就是拒绝别人在亲密时刻拍照、拍视频。不，你不需要通过同意拍照、拍视频来证明你坚贞不渝的爱。如果对方非要这么做，你要提醒自己对方的行为非常可疑。如果你还是不慎中招了，而且担心你认识的人会看到照片，你可以提前告诉他们，说你的照片可能会被曝光。这下就不是你该感到羞耻了。
- 社交网络运营商都知道网络霸凌是很严重的问题，所以各家都设有举报机制。遭到霸凌的时候，别犹豫，举报对方。

●如果你感觉网上的事态已经失控了，那就记得把证据都收集起来，并且告知爸爸妈妈。遭到霸凌的人肯定需要帮助。

你可以先告诉孩子以上这些。接下来，你要多聆听孩子的心声，与他保持沟通。尤其要记得跟进网上的相关信息。为了有效保护孩子免受毒害，成年人应该时时了解网上的情况。比如网上经常兴起些愚蠢的、带有施虐性质的危险"挑战"活动。最近一个流行的挑战活动叫作"蓝鲸挑战（Blue Whale Challenge）"[①]，是 2016 年从俄罗斯蔓延过来的，它很有可能是几起青少年自杀事件背后的罪魁祸首。你要和孩子讲清楚这些情况。

尤其不该做的事情

由于一些广为流传的偏见和不可靠的建议，霸凌问题越来越严重。在跟你讲你该做什么之前，我想先列出来哪些是你不该做的。

不监督孩子

孩子不是天生就有一副好心肠的。没有成年人看管的小孩子坏起来一样很可怕。如果你对这点表示怀疑，不妨重读路易斯·裴高德（Louis Pergaud）的《纽扣战争》（*La Guerre des Boutons*）或阿梅丽·诺冬（Amélie Nothomb）的《爱情与破坏》（*Le Sabotage amoureux*）[②]。以前法国的初高中里设有学监，负责监督孩子们在操场和教室里的行动，

---

① 游戏组织者对心理脆弱的参与者进行洗脑，煽动其自杀。——译者注

② 详情见参考书目。

我们把他们叫作"小卒子"。在大多数时候，担任学监的是勤工俭学或者预备成为教师的大学生。如今，为了节省学校开支，学监这个职位已经不复存在，可我们也因为削减这个职位而付出了沉重代价。学校里好像再也没有负责保护和监督孩子、对孩子进行公民教育的人了。家长不再教孩子懂礼貌，老师也不上思想道德课了。然而，孩子并不是生下来就听话守礼的。

问题发生，顺其自然

由于不知道自己该做些什么，成年人可能会采用鸵鸟政策，等着事情自己过去。但是，放在霸凌事件里，这个态度只会让事态进一步恶化。为了消灭校园霸凌的根源，家长和学校应该同心协力，统一口径。如果不这么做，那么很不幸，被霸凌的青少年以及孩童（现在自杀者的年纪越来越小了）就会有轻生的风险。没有人愿意看到这个结局。

企图息事宁人

学校经常会采取防守型策略，即否定霸凌的发生，大事化小。以下是学校试图息事宁人的话术，受害者家长听了只会更加不安：

- 我们学校里没有霸凌现象。
- 都是小孩儿之间的打闹，你家孩子太开不起玩笑了。
- 这不是校园霸凌，只是你家孩子无法融入集体罢了。
- 你的孩子不好相处，被排挤是他自己的原因。
- 你的孩子应该学会自我保护。
- 其他。

每个家长可以根据自己的亲身经历补充这个清单。学校的这种态度简直是在给孩子伤口上撒盐，让家长更加惊慌。如果学校 —— 唯一有权采取行动的一方 —— 否认有人在霸凌，那问题就无解了。来自校方的否定让情况急转直下。霸凌者为自己只手遮天而沾沾自喜，而被霸凌者则陷入绝望。学校想粉饰太平，但是如果有孩子因霸凌而自杀，这反而将导致学校被起诉，并引来更大的麻烦。每一位成年人都不应该推卸自己的责任。

进行调查

当学校想做些什么的时候，它的第一反应是就这个疑似霸凌的事件展开调查。这并不是一个好主意，因为接下来，事情会这么发展：被学校问到的孩子会把霸凌的事往小了说，弱化自己对此事的参与，拒绝承认自己对霸凌负有责任，然后归咎于被害人。孩子们也很擅长否认霸凌事件。这时，满意于这个结果的学校会用刚刚提到的话术回复家长："没有霸凌啊，小孩子之间打打闹闹而已，你的孩子可真开不起玩笑，融入不了集体……"

认为自保是孩子的义务

认为是孩子自己招来了霸凌或者孩子应该学会自保，是伤害性最大，也是最恶毒的一种错误观点。大家的逻辑是这样的：在被霸凌者身上肯定有什么特质导致了他被攻击，他自己应该改进，以避免被继续施暴。

之前网上有个视频，视频主角就霸凌问题做了一个（看似）精彩的演示，讲解了受害者哪些行为会加剧霸凌，以及如何制止霸凌。但这个视频中的一些细节很成问题。第一，要想对霸凌者说出"你对我的看法阻碍不了我获得幸福"这句话，被霸凌者需要有极其强大、成熟的内心，以及极少数成年人才具备的那种高度自信。极度敏感的小多向思考者怎么可能拥有这么强大的人格呢？视频中的讲演者本身也是一个很有感召力的大人，他接受过充分的训练，很擅长让人闭嘴听他讲。在情况模拟中，有一个没有攻击性的中学女生骂他是"白痴"，而这个女生的身高连讲演者的下巴都不到。在现实里，把我们的孩子逼到操场角落的是一个体形比他高大、威胁性极强的恶霸。最后，讲演者在视频结尾总结道："如果对方动手攻击你了，那我说的策略就帮不上忙了。因为他已经违法了，你应该报警。"之前讲了这么多，最后得出这么个结果。一般情况下，霸凌者很快就会动起手来了，被霸凌者并不会有充足的时间来劝服对方。

　　一个在法国宣扬受害者应该自保的心理学家曾经得意地解释自己的理论，还举过一个让人震惊的例子：在幼儿园，一个孩子被另一个孩子咬了。她认为，显然是被咬的孩子那温顺的个性和他诱人的小脸蛋，导致咬人的孩子有了食欲。所以，我们要教被咬的那个孩子像猛虎一样大吼，把小食人魔吓到不敢靠近，然后就万事大吉了。此时我们其实已经陷入了人身攻击的套路，她的提议遵循的仍然是谁更强谁做主的逻辑。这个专家好像完全没想过让那个咬人的小女孩儿不要再去咬人了。

　　这个绝佳方案的发明者还指出，小孩子有小孩子自己的社交规则，成年人理解不了，当成年人插手的时候，事情只会变糟。也就是说，她认为学校操场就是一片丛林，奉行着强者为王的准则，是一片不保护弱者权益的法外之地，成年人不该冒着风险去干预。她说得好像操场不是法兰西共和国的一部分一样。我们会发现，法国某些郊区 ① 里其实就是这种氛围，连警察都不敢进去。也许就是因为在作恶者上小学的时候，我们没能树立起共和国法律的权威，所以才造成了当下的局面。

受害者有罪论在各个领域都有，人们从不关心加害者，只疑心是受害者的问题——"你被强奸啦？是你的穿着挑逗了对方吗？你被你丈夫打啦？是你自己要和丈夫待在一起的。你被职场霸凌啦？你这个人怎么就是不合群呢？"有一次，在我给儿童教育专业人士组织"自信"主题讲座的时候，一位参加者提问："被欺负的孩子是怎样的人呢？"我没忍住，反问她："你为什么不问问我，欺负别人的孩子是怎样的人呢？"

你想想，问一个被极权制度迫害的人"你是怎么让他们迫害你的"，这难道不荒唐吗？大人要严令禁止孩子伤害他人的身心，我们不能打别人，也不能辱骂别人！所有成年人首先需要明确这一点，如此一来，我们在霸凌问题上的看法才能一致，才不会有人发出不和谐声音，干出荒唐事。一句话，没有人应该被虐待，所有被霸凌的人都应该获得保护和援助。

一个在学校被霸凌的学生无法独自应对一群孤立他、打压他的人。我再强调一遍，孩子一个人是解决不了问题的，他有权获得成年人的庇护。为什么很多成年人会忽略了这一点呢？是因为他们对自己小时候孤立无援的经历还念念不忘吗？

---

① 法国的郊区往往治安差，是暴力事件频发的敏感街区。——译者注

保持中立

霸凌不是单纯的"一个小坏蛋欺负了一个单纯的孩子"。实际上，整个集体、整个社会都参与了这场霸凌。你要记得集体通过找替罪羊来释放压力的例子。被加害者的恶行所吓到的旁观者会消极应对，转为迎合霸凌者。霸凌者被旁人所畏惧和艳羡。大家认为和他们站在一边比和他们对着干要好，而受害者则遭到蔑视，被视为软弱天真的人。霸凌者从教育者那里获得了打着"宽容"旗号的过度的纵容。大家都说霸凌者是可怜的、受过伤的孩子，他们完全有理由将自己的不快发泄在比他们更弱小的人身上。然而奇怪的是，当受害者最终因被霸凌而走上歪路时，却没有人再给予他们同等的宽容。我还要补充一点，那就是哪怕受害者本人不善良，哪怕他是个坏蛋，我们也没有理由去霸凌他。在霸凌事件里只有两大阵营，即被霸凌者和霸凌者。只要你没有谴责霸凌者，你就是在赞许他的行为。每个想要保持中立的人都在助纣为虐。

在审阅这部分书稿的时候，我正好想起了一则新闻，它完美地诠释了我刚才说的受害者有罪论：一个女人被她丈夫从窗口推了下去，最后落得严重瘫痪。法庭判定这个女人对自己被推下去这事负有部分责任。也就是说庭审法官认为，把某个人从窗口推出去是情有可原之举。

如何正确地管束一个集体？

教师在班集体中要起带头作用。如果一个集体能够积极地进行自我调节，那它就不需要再找一个替罪羊了。要是成年人能够旗帜鲜明地、坚定地阻止孩子的不当行为，那我们就能帮孩子树立起正确的处世态度。我们需要告诉孩子们该如何沟通。组织一个"对话圈"并不难。我们只需让集体里的成员们围坐成圈，然后使用"发言棒"。"发言棒"是一种起源于非洲文化和印第安文化的交流工具。在一些发言时间很长的场合，大家会把一根棍子传来传去。只有拿到棍子的人才能说话，在他自己停下来之前别人都不能打断他。他只能以自己的名义发言，不能代表其他人。发言时，他要站在圈子中心发言，不面对着某个特定的人讲话。他表达自己的感受，不去指责和评判任何人。拿到发言棒就相当于告诉整个集体中的其他人："我有话要说，你们要听我说。"使用发言棒对建立相互倾听、相互尊重的谈话氛围有奇效。

打造对话空间也可以重新激活集体的情感智慧。在霸凌事件中，情感智慧会首当其冲地受到影响：为了避免作恶时内心受到煎熬，霸凌者和旁观者完全切断了自己的同理心。而被霸凌者则陷入绝望情绪，不知道自己应该怎样调节情绪以重建自我。重建集体的情感智慧就是重建集体的人性。学校应该对老师进行培训，以期他们能够时常在班级中打造对话空间，保证领导好这个空间，并确保空间的运作过程符合伦理道德。我真心希望成年人不要再互相踢皮球了，大家应该一起对以下事务负起责来：

1. 保障孩子的人身安全。

2. 教会所有孩子（不管是不是你家的）文明行事。

3. 不要纵容孩子的越轨行为。

确立禁止事项

在办"肯定自我"主题培训活动的时候，我曾提出了一个"普遍不受认可的行为"清单，以帮助受训者站对自己的立场。在其中一次培训中，一位小学教师对我说："我们应该把这张清单张贴在每一个教室里！"她说得对，我们应该把清单张贴在教师办公室、校长办公室、幼儿园、家以及法官办公室里（既然他们认为受害者要对自己被推出窗外负一定责任的话）。这样大家就能重新树立起正确的基本认知了。如果你想把它张贴在冰箱上的话，我可以为你列出这个清单。

普遍不受认可的行为包括：

- 当自己 / 他人的身体或精神受到侵犯时，打人、辱骂人，把别人从窗口推出去。
- 触犯法律（包括交通规则）。
- 不遵守基本的安全准则，置自己或他人于险境，上车不系安全带，在楼梯上推搡别人。
- 不尊重自己、他人以及他人的信仰，嘲笑别人，亵渎别人的神，把自己的信仰强加给别人。
- 不爱干净，损害自己的健康，不洗澡、洗手，不爱护自己和他人的健康。
- 违反共同生活准则（没人是例外）。
- 心存自己能支配任何人的幻想：妈妈、秘书、朋友等都是随时为你待命的。

零容忍

学校必须坚持落实校园霸凌防治计划[1]。专家们能为各方提供一切有用信息，帮助大家了解霸凌并采取相应的行动[2]。学校绝无借口放

---

[1] 法国出台了相关法令，要求所有学校都必须制订霸凌防治计划，这是学校的义务。——译者注

[2] 参见法国教育部网站：https://eduscol.education.fr/974/le-harcelement-entre-eleves.

任校园里的任何霸凌行径。我观察到好几次了：当孩子家长提到学校制订的防治计划时，学校会立刻改口，不再否定霸凌的存在，语气也变了。

我认为，如果发生霸凌事件，家长应该收集尽可能多的证据并有计划地提起诉讼。没有哪个学校或者教育机构逃得过法律的审判，也没有哪个小霸凌者能免受惩罚。霸凌行径应该被杜绝。如果能从小学阶段就抓起，我们将拥有充足的时间来培养品行端正的孩子。

在小学被霸凌的孩子是谁

现在，你已经清楚该如何遏止霸凌了，也明白了霸凌是一种完全不该被容忍的行径。在此基础上再去关注被霸凌者的特点，我们就可以避免将受害者污名化了。联合国儿童基金会（UNICEF）的调查显示，10 个学生里就有 1 个会受到霸凌。你认为会是谁呢？让 - 保罗·布里盖利坚信被霸凌的孩子必定是优等生。在谈到 2015 年法国政府发布的反霸凌宣传短片时，让 - 保罗·布里盖利指出：

"片中那个被霸凌的可怜孩子一头红发，因为红发不祥的传言由来已久；在吕克·夏岱尔（Luc Chatel）① 当教育部部长那阵，政府反霸凌宣传片里的被霸凌者是左撇子，因为左撇子不祥的传言也由来已久。但这些都是陈词滥调和刻板印象。在现实生活中，被霸凌的人确实往往都是弱者——在我和同事们最近经手的一个案例里，被霸凌者就是一个生病的小女孩儿——但最为常见的霸凌受害人其实是优等生。几个野蛮的傻瓜为难一个读书人（总有一天，我们必须找那些憎恨知识和智慧

---

① 吕克·夏岱尔，2009 年到 2012 年任法国教育部部长。——译者注

的人算账），这就是大部分校园霸凌事件的真相。"

好学生是霸凌者的首选目标，但不是唯一目标。多向思考者往往在校成绩不好，但他们也是主要的被霸凌对象。来找我咨询的成年多向思考者中，大部分人都有过一段噩梦般的在校被霸凌经历。很少有人能完全幸免于难（我甚至怀疑各个学龄段的小多向思考者其实全都被霸凌过）。毕竟，不久前有调查显示，所有女性都有在公交上被骚扰的经历。

为什么小多向思考者会成为被霸凌者？因为他们心地善良，拒绝服从强权？不，在一个健康的集体里，这样的人其实是很受欢迎的。因为这些孩子与众不同，有时会显得有些不合群和爱幻想？不，吸引霸凌者的并不是这一因素。导致多向思考者被霸凌的，是他们的虚假自我和那些袖手旁观的成年人。就像我在第六章里谈到的，真我与假我之间的差距会成为便于操控者进攻的漏洞。假我对被接纳的渴求和对被抛弃的恐惧，让多向思考者变得病态地顺从，这对霸凌者而言可谓是天赐良机！希望所有小多向思考者都能被允许做他自己，从而摆脱这种过分迁就他人的机制。克服假我、展露真我，以及拥有良好的班集体氛围，达成这些目标其实不难。

遭到霸凌有哪些迹象

当孩子说"有人在学校找我麻烦"的时候，不要以为这是件小事。你要让他说出他的烦恼，敞开心扉地去倾听，不要老想着说孩子也有错，让孩子产生自责情绪，也不要跟孩子灌输"你必须、你应该怎么怎么做"。也欢迎各位家长在家中打造一个对话空间，在这里，孩子可以放心倾诉自己的情绪，讲述自己所受的煎熬，而大人不会去出声打断或者呵斥他。这可不容易。常规思维者家长中很少有人遭到过霸凌，所以他们能接受现在的世界，意识不到问题的严重性。这类家长也许难以充分理解孩子的心情，无法满足孩子的需要。而多向思考者家长大概率在上学时也遭受过霸凌，他们保留着这段伤痛的回忆，不想将它唤起。因此，这类家长可能会表现得很极端：要么断然否认孩子被霸凌了，要么因孩子被霸凌而情绪彻底失控。如果你不够强大，你的孩子就会为了保护你而对自己的遭遇闭口不谈，所以家长才会说自己"没发现孩子有问题"。

但是，哪怕孩子什么都不说，你也可以从一些迹象中判断出来。比如，孩子常常"肚子痛"，尤其是在要去上学的时候；孩子心情沮丧、压力很大，或者戾气很重；孩子焦虑、失眠；孩子自我贬低且发表消极言论，例如"我活着有什么用呢"；孩子成绩下滑；孩子想出了一套逃离学校的计策，例如周四拒绝乘校车去上学，周三拒绝在学校食堂吃饭；孩子不去操场上体育课；孩子逃学。孩子的逃避可能最终会发展成学校恐惧症，甚至自杀行为。

在最后，我想和你分享一部我钟爱的漫画作品，它对校园霸凌问题进行了全面的讨论——安娜和布罗兹的《独自在操场》（ *Seule à la récré* ）。每个学校的阅读角里都应该备上这样一本书！

希望读完这章的你已经掌握了足够多的技能，能切实地解决霸凌问题，为从小学阶段起就根除这个顽疾而贡献你的力量。在这里，我也想向所有愿意在班上开辟对话空间的老师们说一声感谢，并赞美他们一句"干得漂亮"！

结　语

很少有人了解小多向思考者的家长活得有多艰难，他们的苦楚几乎无人知晓。每当家长们寻求外界帮助、试图解释自家孩子所经历的一切时，他们体会到的是强烈的孤独、忧虑和失落。家长只是需要专业人士善意的、不加任何评判的倾听而已，然而等待他们的却是对方的偏见和无知。

写到这里时，我恰好又收到了一封邮件。在邮件中，绝望的家长对我说：

今年夏天，教育中心的一位老师注意到了我儿子的情况，她说我的儿子是一个"非典型儿童"，需要接受指导，还跟我们提起了您写的书。我们一口气看完了您的书，收听了您在网上的节目。我们明白了，儿子也许是一个极度敏感的多向思考者，可能有阿斯伯格综合征或者其他特殊之处。我们计划带孩子去做个诊断，得出一个可靠的结论，帮他走出困境，我们还要去拜访本地专攻该领域的诊疗专家。我们之前也约过一些精神科医生，但当我们希望他们试试别的治疗路径时，对方总摆出一副轻蔑的态度。

当然，专业人士也在进步，他们已经能给这些特殊的孩子提出些针对性建议。比如，现在有的学校就能为小多向思考者提供全方位的、适宜的教学管理服务。如果能有学校相助，那么家长们终于可以喘口气了。不过到了下一学年，情况可能就会大变——倘若孩子换了新学校和新的相处对象，一切又要从头开始。家长不得不再次和学校进行讨论，重新做出解释，努力在说服对方的同时又不让对方产生反感（如果可能的话）。每个新学期伊始，我们都面临着一场事关孩子未来的赌博。

法国各地成立有一些"非典型儿童"及家长联合会，它们能够弥补公共设施不足的缺陷。这些组织在收集信息、提供指导和进行研究方面成绩斐然。网上也不乏互助团体，家长可以在这里找到倾诉对象，获得有用的建议。只有团结起来，我们才能改变现状。为了保护自己的孩子，家长应该不断壮大自己和多向思考者集体的力量。各位家长不必去在乎别人怎么说你和孩子；你们要勇于发声，别被教育权威和医学权威给吓住了；你们应该联合其他与自己志同道合的家长，在各地成立互助小组，这对家长和孩子们都有好处。

在本书中，我提供了所有我觉得可能有用的东西，希望让你能：

- 允许孩子成为他自己。
- 告诉孩子他是谁，给予他认识自我的关键工具。
- 塑造一个孩子所需要的、让他有安全感的环境，在这里，他感觉得到自己是被包容、被保护的。他能够茁壮成长。
- 教孩子管理自己的情绪，听从自己的感受。
- 帮助孩子培养起自尊和自信。
- 给孩子解释常规思维者的社交规则（这也能顺便加深你自己对

这些规则的理解）。

随着阅读的深入，你可能也察觉到了，这本书其实也是为另一个孩子——家长们（当他们自己也是多向思考者时）心里的那个孩子——所写的。希望通过这次阅读，各位家长也能获得重返童年、自我疗愈的机会。

家长自己的例子能对孩子起到最好的教育作用。你的亲身示范足以教会孩子相信他自己的感受，使他勇于和那些偏见对抗。与其让孩子投入全身精力去改造自己迎合别人，不如培养起孩子充分的自信心，让他们未来打造出一片多向思考者能够幸福生活的乐土。

参考书目

1. Idriss Aberkane, Libérez votre cerveau, Robert Laffont, 2018.

2. Audrey Akoun et Isabelle Pailleau, Apprendre autrement avec la pédagogie positive, éditions Eyrolles, 2015.

3. Céline Alvarez, Les Lois naturelles de l'enfant, éditions Les Arènes, 2016.

4. Ana & Bloz, Seule à l'école, Bamboo édition, 2017.

5. Richard Bach, Illusions: Le messie récalcitrant, J'ai lu, 1993.

6. Jean-Paul Brighelli, La Fabrique du crétin, Folio, 2006.

7. Tony & Barry Buzan, Mind map: Dessine-moi l'intelligence, éditions Eyrolles, 2012.

8. Jean-Jacques Charbonier, La Mort expliquée aux enfants mais aussi aux adultes, Guy Trédaniel éditeur, 2015.

9. John Cooper, Mon enfant s'entend bien avec les autres, Marabout, 2006.

10. Alain Deneault, La Médiocratie, Lux éditions, 2016.

11. Dominique Dupagne, Le Retour des zappeurs, CreateSpace, 2013.

12. Dominique Dupagne, La Revanche du rameur, édition Michel

Lafon, 2012.

13. Stéphane Furina, Pire que les élèves, Pôle Nord éditions, 2015.

14. André Giordan et Jérome Salte, Apprendre à apprendre, Librio, 2007.

15. Corinne Gouget, Additifs alimentaires: Danger, Poche, 2014.

16. Temple Grandin, Comprendre les règles tacites des relations sociales, éditions De Boeck, 2015.

17. Noémya Grohan, De la rage dans mon cartable, Hachette, 2014.

18. Catherine Gueguen, Pour une enfance heureuse: Penser l'éducation à la lumière des dernières découvertes sur le cerveau, Poche, 2019.

19. Yuval Noah Harari, Sapiens, éditions Albin Michel, 2015.

20. Liane Holliday, Vivre avec le syndrome d'Asperger, éditions De Boeck, 2015.

21. Hugo Horiot, L'empereur c'est moi, l'Iconoclaste, 2015.

22. Hugo Horiot, Autisme, j'accuse!, l'Iconoclaste, 2018.

23. Bruno Humbeeck, Aider son enfant à bien vivre l'école, éditions Leduc.s, 2018.

24. Walter Isaacson, Steve Jobs, Poche, 2012.

25. Steve Jobs, 75 conseils pour réussir, Les éditions du Faré, 2017.

26. Marie Kondo, La Magie du rangement, Pocket, 2016.

27. Mary Sheedy Kurcinka, Raising your spirit child, Harper, 1999.

28. Jean-Philippe Lachaux, Le cerveau funambule: Comprendre et apprivoiser son attention grace aux neurosciences, éditions Odile Jacob, 2015.

29. Patrick Landman, Tous hyperactifs?, éditions Albin Michel, 2015.

30. Franç oise Lefèvre, Le petit prince cannibale, éditions Acte Sud, 2005.

31. Frédéric Lenoir, Philosopher et méditer avec les enfants, éditions Albin Michel, 2016.

32. Dominique Loreau, L' art de la simplicité, Poche, 2013.

33. Maria Montessori, Le Manuel pratique de la méthode Montessori, éditions Desclée De Brouwer, 2016.

34. Amélie Nothomb, La Nostalgie heureuse, Poche, 2015.

35. Amélie Nothomb, Le Sabotage amoureux, Poche, 1996.

36. Elisabeth Nuyts, L' école des illusionnistes, autoédition, 2000.

37. Elisabeth Nuyts, Dyslexie, dyscalculie, dysorthographie, Troubles de la mémoire: Prévention et remèdes, autoédition, 2011.

38. Pef, La Belle Lisse Poire du prince de Motordu, Gallimard jeunesse, 2010.

39. Louis Pergaud, La Guerre des boutons, Poche, 2011.

40. Steven Pressfield, Turning Pro: Tap your inner power and create your life' s work, 2012.

41. Patrick Quercia, Traitement proprioceptif et dyslexie, Graine de lecteur et l' association AF3dys, 2008.

42. Josef Schovanec, Je suis à l' est, éditions Plon, 2013.

43. Eline Snel, Calme et attentif comme une grenouille, éditions Les Arènes, 2010.

44. Claude Steiner, Le Conte chaud et doux des chauds doudous,

Interéditions, 2018.

    45. Daniel Tammet, Je suis né un jour bleu, J'ai lu, 2009.

    46. Daniel Tammet, Embrasser le ciel immense, J'ai lu, 2011.

    47. Paul Watzlawick, Faites vous-même votre malheur, Point Poche, 2014.

著作权合同登记号：06-2024年第44号

图书在版编目（CIP）数据

高敏感孩子的内心世界 / (法) 克莉司德·布提可南
著；王彤译. — 沈阳：万卷出版有限责任公司，2024.4
ISBN 978-7-5470-6492-4

Ⅰ.①高… Ⅱ.①克… ②王… Ⅲ.①家庭教育
Ⅳ.①G78

中国国家版本馆CIP数据核字（2024）第072693号

Original title: Mon enfant pense trop - comment l'accompagner dans sa sureffience
© Christel Petitcollin
All rights reserved

The simplified Chinese translation rights arranged through Rightol Media
（本书中文简体版权经由锐拓传媒取得 Email:copyright@rightol.com）

出版发行：北方联合出版传媒（集团）股份有限公司
　　　　　万卷出版有限责任公司
　　　　　（地址：沈阳市和平区十一纬路29号　邮编：110003）
印 刷 者：天津旭丰源印刷有限公司
经 销 者：全国新华书店
幅面尺寸：145mm×210mm
字　　数：179千字
印　　张：7
出版时间：2024年4月第1版
印刷时间：2024年4月第1次印刷
责任编辑：高　爽
责任校对：张　莹
装帧设计：末末美书
ISBN 978-7-5470-6492-4
定　　价：42.80元
联系电话：024-23284090
传　　真：024-23284448